세명의 예술가
열개의 마을
하나의 키르기스스탄

홍윤이 니카 차이코프스카야 샤키르 아리코브
Yuni Hong Nika Tchaikovskaya Shakir Arykov

세 나라의 예술가 열 개의 마을 하나의 키르기스스탄

발행인의 글.
"키르기스스탄과 유목문화를 찾아가는 여정"

대한민국, 러시아, 키르기스스탄, 3개 나라 그림책 작가가 함께 여행하며 키르기스스탄의 사람과 문화와 자연을 담은 그림책을 만들었습니다. 이 그림책은 키르기스스탄친구들(KF)이 한국 코이카의 지원을 받아 진행하고 있는 '키르기스스탄 실크로드 문화관광개발사업'의 일환으로 추진한 프로젝트입니다.

'키르기스스탄 실크로드 문화관광개발사업'은 유목문화가 남아 있는 키르기스스탄의 10개 마을을 문화마을로 지정하고, 관광객들이 문화마을에 와서 먹고 자고 유목문화를 체험하도록 해서 키르기스스탄의 유목문화를 지키고, 마을 주민들의 소득을 높이도록 하기 위한 한국과 키르기스스탄의 협력사업입니다.

이 사업을 위해 만든 KF컨소시엄은 2019년부터 지금까지 키르기스스탄에 유목문화를 체험할 수 있는 문화관광 코스를 4개 만들고, 군데군데 10개 문화마을을 지정해서 민박집을 비롯한 기본 문화체험 관광 인프라를 지원했습니다. 또한 전 세계 관광객들이 여기에서 잠을 자고 식사도 하고, 유르트, 말타기, 매사냥, 쉬르닥, 콕보루 같은 유목문화를 체험하고 전통 공연도 구경할 수 있도록 주민교육도 진행했습니다.

이 그림책은 더 많은 사람들이 키르기스스탄을 알고, 키르기스스탄을 찾고, 키르기스스탄을 사랑하게 되었으면 하는 마음으로 2022년 봄부터 2022년 겨울까지 세 명의 작가들이 키르기스스탄을 직접 방문해서 그림을 그린 뒤, 이를 바탕으로 발간했습니다.

제1부에는 키르기스스탄의 자연을 봄, 여름, 가을, 겨울 계절별로 담았고, 제2부에는 키르기스스탄의 유목문화를 주로 소개했습니다. 마지막 3부에는 키르기스스탄의 전통과 문화, 그리고 역사를 담았습니다. 이런 체계와 별도로 10개 문화마을은 그 마을과 연관성이 높은 주제가 나올 때 이어서 소개를 하는 방식으로 편집을 했습니다.

좋은 사업에 참여할 기회를 주신 한국국제협력단(KOICA)를 비롯해 함께 작업에 참여해 주신 세 분 작가님, 그리고 드림스카이의 이준천 대표님, 키르기스스탄 현지에서 도와주신 MDK 추상훈 대표님과 직원 여러분께 깊이 감사드립니다.

이 그림책이 잘 알려지지 않은 키르기스스탄을 널리 알리고, 많은 사람들이 키르기스스탄을 찾아 휴식하고 교류하는데 좋은 길잡이가 되었으면 좋겠습니다. 감사합니다.

KF컨소시엄 대표파트너 겸 ㈜브레인파크 대표 박동완 드림

편집자의 글.
지구별의 숨은 보석, 키르기스스탄을 만나다.

우리는 이제 키르기스스탄의 마지막 밤을 보냈다. 지난 14일을 돌아보니 참 꿈같은 시간이었다. 여행 드로잉팀 4명은 모두 지구라는 행성에서 가장 아름다운 곳을 탐험하고 여행을 한 기분이 들었다. 이곳 키르기스스탄은 지구별의 축소판이라는 느낌을 받았다.

알프스보다 아름다운 산
지중해보다 아름다운 물의 색
그랜드캐년보다 웅장한 암석
캐나다 국립공원보다 울창하고 푸른 숲

무엇보다 파란 하늘을 보고 말을 타며 자유롭게 달리는 이들, 유목민의 삶이 참 인상적이었다.
여행의 마지막 밤, 여행 드로잉팀은 비슈케크에서 저녁 만찬을 하며 그동안 키르기스스탄에서 마주한 이야기와 앞으로 살아갈 인생 이야기로 밤을 지새웠다. 한국으로 돌아가는 비행기 안에서 우리는 많은 생각에 잠겼다.
이번 키르기스스탄은 우리에게 어떤 의미가 있었을까? 편집기획자인 나와 3명의 작가는 넘치는 감동으로 정말 많은 생각을 하고, 또 정리할 시간이 필요할 것이다. 벌써부터 3명의 작가와 키르기스스탄에서 다시 만날 시간들이 기다려진다. 이제 3명의 작가와 함께 멋진 키르기스스탄 그림책을 준비할 수 있을 것 같다.

그림책 편집과 제작을 맡은 나에게 이번 여행은 코로나로 억눌렸던 여행 본능과 여행 누림을 다시 회복하게 한 계기였다.
본 프로젝트는 다른 문화권의 작가 3명이 함께 3번의 키르기스스탄 여행을 하면서 눈에 담은 풍경과 몸으로 겪은 경험, 마음에 담은 진한 여운을 아름다운 손그림으로 멋지게 풀어낸 작품집이다.

특별히 이 책의 구성은 대한민국의 홍윤이, 러시아의 니카, 키르기스스탄의 샤키르 등 3명의 작가가 옴니버스 형식으로 구성했다. 한 편씩 글을 쓰고 그림을 그리는 것이 아니라 키르기스스탄의 자연, 노마드의 삶, 문화와 역사라는 세 가지 테마 안에서 같은 장소, 같은 시간에 본 풍경과 겪은 일들을 각자의 시선으로 동시에 풀어내는 형식이었다. 그래서 한 가지 풍경을 보더라도, 3명의 작가가 그린 3편의 작품을 다양한 시각으로 볼 수 있게 했다.
조금은 난이도가 높은 구성이라 편집하는데에는 어려움이 있었다. 하지만 3인의 작가가 키르기스스탄에 여러분을 초대해서 함께 버스를 타고 여행을 하는 듯한 기쁨과 만족을 줄 것이라 믿어 의심치 않는다.

지금부터 펼쳐질 키르기스스탄의 KF 실크로드 문화마을 그림책!
여러분 모두 기대해도 좋다.

'3명의 작가와 6월 1차 여행에서 돌아오는 비행기 안에서'

드림스카이 대표 이준천 드림

프롤로그 1
문명은 멀고 자연은 가깝다.

친구가 다니는 회사는 격주로 '놀금제도'를 도입한단다. 일을 적게 하는 것은 좋은 것이니 축하한다고 말했다. 친구는 무작정 좋아할 수만은 없다고 한다.
"모든 것이 너무 빨리 변하지 않니? 나는 '이제 좀 그만. 제발 그만!' 이렇게 소리 지르고 싶을 때가 있어."
가끔 그럴 때가 있다. 어쩌면 실제로 소리를 지르기도 했던 것 같다. 하지만 이 대화는 내가 키르기스스탄에 있을 때 나눴다. 우리의 대화가 가장 어울리지 않는 지구상 한 곳을 꼽으라면 바로 이곳일 것이다.

2022년 1년 동안 다른 문화권의 세 그림 작가가 함께 키르기스스탄을 계절별로 여행하고 그 경험을 책으로 만드는 프로젝트에 나도 운 좋게 참여하게 되었다. 키르기스스탄에 대해선 아는 바가 단 하나도 없었다. 인터넷에 찾아봐도 피상적인 이야기 뿐, 그마저도 희박했다. 그렇게 도착한 키르기스스탄에서, 나는 의지와 상관없이 현재의 키르기스스탄이 아닌 과거의 한국을 더 자주 방문하게 되었다.
80년대 초반에 태어난 나는 어렴풋이 그 시절을 기억한다. 우리집은 콘크리트로 지은 그 당시 신식 건물이었지만, 집안에 아궁이가 있었다. 물론 아궁이는 곧 기름 보일러로 바뀌었으나 초등학교(당시 국민학교) 고학년이 될 때까지 거실엔 난방이 되지 않았다. 겨울의 차가운 마룻바닥을 밟고 싶지 않아 카펫이 깔린 안전지대까지 까치발을 하고 뛰어다녔다.

© 2024. Yuni. All rights reserved

실내에 화장실이 없는 집도 종종 있었다. 우리 뒷집이 그랬다. 놀러 가서 볼일을 보고 어깨 위에 있는 끈을 당겨 물을 내리면 가끔 머리 위로 물이 떨어졌다. 그런 집에 욕실이 있을 리 없었다. 머리를 감을 땐 부엌에서 물을 끓여와, 수돗가에 가서 수도꼭지에서 나오는 찬물에 뜨거운 물을 섞어서 머리를 감는 것을 종종 보았다.

키르기스에서 우리를 인솔하던 가이드는 필요한 말은 꼭 했지만, 필요하지 않다고 생각하는 말은 하지 않았다. 그는 초원에 있는 유목민 가옥인 유르트에서는 전화가 안 된다는 말을 미리 하지 않았다. 전화가 안 된다는 것에 깜짝 놀라는 한국인들을 보고, 그는 '전화가 안 되는 것에 깜짝 놀라는 것'에 깜짝 놀라는 것 같았다. 촉수가 낮은 전구 아래서 그는 말했다.

"안된답니다. 초원이니까요."

생각해보면 너무 당연한 일이다. 여름 몇 달을 머물다 떠나며, 주소지가 따로 없는 유목민을 위해 기지국을 설치하는 수고를 굳이 하는 사람은 없었다.

전화가 안 되면 물론 인터넷도 안된다. 태양열 전지로 축적해둔 에너지로 저녁 9시가 되면 발전기를 돌린다. 그때 잠깐 전기를 사용할 수 있지만, 그마저도 몇 시간이 지나면 꺼진다. 초원의 새벽엔 별이 쏟아졌지만, 사진 찍는 것은 포기해야 했다. 창문이 따로 없는 유르트 안은 암흑이어서 카메라를 도저히 찾을 수 없었기 때문이다. 네발로 기고, 손의 촉각에 의지해 겨우 유르트 문을 열고 밖으로 나왔을 때는 평생 느껴본 적 없는 종류의 성취감을 느낄 수 있었다.

어떤 마을에 가서는 우리 일행이 충전을 부탁한다며 한꺼번에 핸드폰을 내밀었지만, 정중히 거절당했다.
"전기가 나갔어요. 언제 들어올지는 몰라요."
전기는 얼마 지나지 않아 들어왔지만, 다음 날 아침엔 단수가 기다리고 있었다. 언제 물이 나오냐는 질문은 의미가 없는 것을 알게 되었으므로, 조용히 민박집을 나와 집 옆으로 흐르는 개울가로 가 얼굴을 씻고 양치를 했다.

며칠 간의 학습으로 알틴 아라샨 산장으로 떠나기 전에는 모든 전자제품을 충전하고, 보조배터리까지 가득 채우고 호텔을 나섰다. 배터리의 신이 있다면 그쪽으로 하루에 몇 번씩 절을 할 지경이었다. 제발 방전 없이 오래오래 가게 해주소서. 전기가 없으면 영상 기록도 할 수 없고, 사진도 찍을 수 없다. 그냥 가만히 앉아서 책이나 읽으면 될 일이지만, 이번엔 특별히 전자책을 여러 권 가지고 온 터였다.
난 그동안 대단한 착각을 했던 것 같다. 나는 모든 걸 나 스스로 할 수 있어. 나는 스스로 돈을 벌고, 살림을 직접 꾸리잖아. 그런데 그것이 가능하기 위해선 타인의 셀 수 없이 많은 양의 노동과 시간이 들어갔음을 나는 완전히 간과했다. 혼자 살아온 척했지만, 혼자서 생존할 수 없다. 이들은 적어도 나보다는 그것을 더 잘 알고 있었다. 혼자 살아온 척했지만, 혼자서 생존할 수 없다. 이들은 적어도 나보다는 그것을 더 잘 알고 있었다. 내가 한국의 일상에서 느끼는 허상의 무력감은 초원의 바람에 흩어지고, 고산의 계곡물에 휩쓸려 내려간다.

정착지에서 살며 삶의 방식을 계속 바꾸는 사회에서 온 나는, 계절에 따라 집을 이동하며 여전히 전통의 방식으로 살고 있는 이 사람들을 보면서 생각한다. 화장실이 먼 것은, 밤에 땅에서 올라오는 한기로 추운 것은, 뜨거운 물을 정해진 시간에 써야 하는 것은, 누구나 불편하다. 그럼에도 그 불편함을 선택해 (혹은 선택하지 않았더라도) 살아가는 사람들에게 '때 묻지 않은 순수함' 운운하며 그 삶을 미화시키는 것은 되려 오만하고 무례한 것이라고.
다르게 살아온 우리가 서로를 진정으로 이해할 수 있다면 그건 거짓말일 것이다. 그저 각자의 땅에서 스스로의 방식으로 행복을 찾아가길 바란다. 그리고 이 여행으로 나의 세상을 보는 내 눈이 조금 달라졌다면 그걸로 충분하다.

홍윤이 작가 (Yuni Hong)

© 2024. Nika. All rights reserved

프롤로그 2
난 모험을 떠날 거야!

"난 모험을 떠날 거야"라는 말은 너무 흥미롭고 기대되지 않아? 나는 키르기스스탄으로 평범한 스케치 여행을 떠나기로 했다. 어떤 짐을 챙겨야 할지 고민하는 내내 이 말을 혼자 되뇌었다. (미술용품을 산더미처럼 가져가면 충분하지 않을까?)

"난 모험을 떠날 거야!" 인천에서 알마티로 가는 비행기 안에서도 계속 혼잣말을 중얼거렸다. (앗, 안돼! 비행기가 연착되어 버렸어. 비슈케크로 가는 연결편을 놓쳐버렸네. 카자흐스탄과 키르기스스탄 국경을 걸어서 넘지는 않기를 바랐는데.)

"난 모험을 떠날 거야!" 산더미 같은 미술용품을 내 옆으로 밀어내며 카자흐스탄과 키르기스스탄 국경을 걸어 넘으면서도 마음속에서는 이 말이 계속 맴돌았다. "니카, 넌 모험을 떠나는 거야!" 그러니 걱정하지 말고 여행이나 즐겨! 그리고, 다음에는 짐 좀 적게 싸고, 알았지?"

샤키르, 니카, 윤이
이번 모험을 혼자서는 하지 않을 거야! 우리는 셋이다. 키르기스스탄 원주민 예술가 샤키르, 한국의 예술가이자 작가인 윤이, 그리고 나, 니카가 있다. 나는 러시아의 일러스트레이터이다.

글쎄… 솔직히, 나는 소련 출신이다. 1972년에 태어났고 소련이 전성기였던 시절에 학교를 다녀서 소련에 대한 기억이 생생하다. 당시 키르기스스탄은 소련의 일부였기 때문에 사실 내 고국의 일부였다. 자라면서 키르기스스탄을 가 본 적은 없지만 엄마의 가장 친한 친구 리타 아주머니를 통한 인연은 있다.

리타 아주머니는 키르기스 사람으로 정말 멋진 분이셨다. 유머 감각이 뛰어난 리타 아주머니는 재미있고 친절했다. 아주머니의 웃음소리는 마치 달콤한 음악처럼 우리 집에 울려 퍼졌다. 키르기스스탄 사람들이 모두 아주머니 같은 사람이면 좋겠는데… 그래서, 이번 모험을 떠나는 게 얼마나 많이 긴장되었는지 딱히 꼬집어 말할 수가 없다. 아마도 내가 시간을 거슬러 그 시절로, 소련으로 돌아가고 있다는 사실을 떠올리고 있다는 점과 관련이 있을 것이다.

© 2024. Nika. All rights reserved

머릿속에 떠오르는 선입견이 너무 많았다. 그것들을 머릿속에 너무 오래 간직하는 건 절대 좋은 게 아니잖아? 내 머릿속 소련은 블라디미르 레닌의 망령이 녹슨 파이프와 부서진 창문을 통해 휙 들어올 것 같은, 낡고 폐허가 된 으스스한 공장 같았다.

내 마음보다 앞질러 우리가 키르기스스탄에 머무는 동안 소련 시절 버려진 공장들을 봤다. 공장들은 돌 채석장과 마른 강바닥 위로 우뚝 솟아 여기저기 흐릿하게 보였지만, 무서워 보이지는 않았다. 뭐랄까 거대한 키르기스스탄의 산 옆에서는 다소 작고 귀여워 보였다. 공장들은 키르기스스탄 역사와 풍경의 일부이다. 블라디미르 레닌의 망령은 지금도 곳곳에서 많이 볼 수 있다. 거리 이름(키르기스스탄 마을 대부분에 레닌 거리가 있다)에서도, 심지어 세상에서 높은 산 중 하나인 파미르 고원도 여전히 레닌봉으로 불린다. 하지만 키르기스스탄은 내가 가진 선입견 그 이상의 나라이다.

그리고 나는 이 모험을 통해 진정한 키르기스스탄의 원래 모습을 알아갈 수 있다고 생각한다!

니카 차이콥스카야 작가
(Nika Tchaikovskaya)

© 2024. Nika. All rights reserved

프롤로그 3
키르기스스탄 예술가로서 새로운 '나'를 찾아떠나는 여행

나는 오랫동안 여행을 하면서 내가 사는 이 대자연에서 스케치를 하는 꿈을 꾸었다. 그것은 매우 기대되고 흥미로운 꿈이었다. 하지만 나는 키르기스스탄, 바로 이곳에 살지만 바쁜 일상 때문에 그럴 여유가 없었다. 내가 사는 곳이기 때문에 더 가지 못하게 되는 경우라고나 할까? (아마도 서울에 사는 사람이 남산타워를 못 가본 경우와 비슷하지 않을까?)

그런 가운데 이번 키르기스스탄 여행 그림책의 작가로 제안을 받았다. 나는 등을 떠밀려서라도 갈 수 밖에 없는 상황에 놓이게 된 것이다! 나에게 이렇게 멋진 기회와 행운이 찾아올 줄이야! 그것도 타 문화권의 작가 2명과 함께 여행하고 공동저자로 함께 책을 저술한다는 자체가 매력적이다.

2022년 한 해동안 이 책을 함께 기획하고 준비하고 봄, 여름, 가을, 겨울 4번의 여행을 하며 내가 사는 나라의 동, 서, 남, 북 곳곳을 여행하며 많은 것을 깨달았고 내가 이 땅의 국민이라는 것을 새삼 자랑스럽게 생각했다.

감동적이고 멋지고, 사랑스러운 곳이 정말 많았기에 나도 많은 영감을 받아 그림 작가로서 더 좋은 작품을 완성하기 위해 노력했다.

세상에 사는 모든 사람들은 고유한 역사, 전통, 성격과 특성을 가지고 있다. 독자들이 이 책을 통해 다양한 민족과 환경, 그리고 자연, 동물들이 공존하며 함께 살고 있는 키르기스인들에 대해 배우는 것은 흥미롭고 유용할 것이다. 그리고 이 책을 통해 빠르게 변하는 세상 속에서 잠시나마 차 한잔의 여유와 삶에서 얻을 수 있는 진정한 가치와 행복을 찾기를 소망한다.

나는 내가 사는 이 나라를 '천상의 나라'라고 소개하고 싶다. 하늘과 맞닿은 높은 산과 푸른 숲과 호수는 '천상', 마치 '천국'에 있는 느낌을 여러분들에게 선사할 것이다. 이 책을 통해 천상의 나라, 나의 조국 키르기스스탄으로 여러분을 초대한다.

샤키르 아리코브 작가 (Shakir Arykov)

© 2024. Nika. All rights reserved

목 차

발행인의 글 키르기스스탄과 유목문화를 찾아가는 여정_박동완
편집자의 글 지구별의 숨은 보석, 키르기스스탄을 만나다_이준천
프롤로그 01 문명은 멀고 자연은 가깝다_홍윤이
프롤로그 02 난 모험을 떠날거야!_니카 차이콥스카야
프롤로그 03 새로운 '나'를 찾아떠나는 여행_샤키르 아리코브

Theme I.

땅 위에서
: 키르기스스탄의 자연

024	●	#봄
026	●	출발 녹색의 향연이 시작되는 봄의 키르기스스탄 속으로
030	●	초원에서 이틀밤 보내기
040	●	송쿨호수 앞 언덕에서 드로잉하기
046	●	6월의 야생화 잔치
048	●	#여름
050	●	제주도가 몇 개 들어간다고?
052	●	내 마음속 상어를 찾아 이식쿨바다(?)로!
058	●	스카즈카엔 요정이 없다고?
060	●	요정말고 이 세상 모든 종류의 풍경이 있지!!!
062	●	제티오구즈에서 만난 황소
068	●	'중앙아시아의 알프스', 알틴아라샨

072	●	알틴아라샨 노천온천 모험기
074	●	어디에나 양떼
076	●	샤키르의 KF 문화마을 여행스케치 01 리스노예_이식쿨주
078	●	#가을
080	●	키르기스스탄의 푸른 숲을 간직한 파드샤타
082	●	천상의 호수, 사르첼 렉
084	●	샤키르의 KF 문화마을 여행스케치 02 카쉬카수_잘랄아바드주
090	●	레닌 피크의 이름이 바뀐다면
096	●	샤키르의 KF 문화마을 여행스케치 03 무르다쉬_오쉬주
100	●	#겨울
103	●	겨울이 조금 먼저 오는 곳, 알라아노차 국립공원

Theme 2.

길을 만들며
: 노마드 라이프

111	●	햇빛이 가득 들어온 유르트안에서
116	●	초상화를 그리다.
120	●	샤키르의 KF 문화마을 여행스케치 04 샤브단_츄이주
122	●	엄마의 나이는
128	●	우즈베키스탄으로 가버린 크므스
130	●	탈라스 버터, 무르다쉬 우유
132	●	아저씨의 막내아들

134	●	집이 부동산이 아닌 곳
136	●	샤키르의 KF 문화마을 여행스케치 05 키질투_이식쿨주
138	●	엄마가 딸에게 알려주는 시간의 모자이크
143	●	쉬르닥으로 얻은 소울메이트
146	●	샤키르의 KF 문화마을 여행스케치 06 아자카인디_나른주
148	●	모험의 작은 기쁨, 따뜻한 사람들과의 만남
152	●	자두가 주렁주렁
162	●	말을 타고 찾아가는 크즐베이트
168	●	오지마을의 어느 부부
174	●	샤키르의 KF 문화마을 여행스케치 07 크즐베이트_잘랄아바드
176	●	구구단은 모르는 녀석이라도 말은 탈 줄 알거야
181	●	왜 결혼식에선 눈물이 나는지
182	●	샤키르의 KF 문화마을 여행스케치 08 카라수_나른주
184	●	키르기스스탄의 다음 세대 바라보기

Theme 3.

살아가는 사람들
: 키르기스스탄의 전통과 문화, 역사

192	●	총투스 소금광산
194	●	칭기스 아이트마토프 고향마을, 쉐케르
196	●	샤키르의 KF 문화마을 여행스케치 09 쉐케르 마을_탈라스주
198	●	키르기스스탄의 여왕, 쿠르만잔 다트카

200	●	니카 차이-코프스카야
204	●	햇빛을 담은 유르트안 차이 잔
206	●	실크로드에서 살아남은 맛
210	●	없는 것도 다 있는 시장
214	●	비슈케크의 문화 공간
216	●	낙타를 타고온 실크로드의 여행자
220	●	옛것과 새것의 아름다운 공존
223	●	실크로드의 흔적을 찾아
225	●	이슬람의 성지, 샤흐파질
227	●	세계에서 가장 긴 서사시, 마나스
228	●	내 그림의 원동력, 마나스
230	●	마나스오르도
232	●	마나스치와 국악 판소리 소리꾼의 콜라보레이션
236	●	샤키르의 KF 문화마을 여행스케치 10 탈디부락_탈라스주

에필로그 01 다시 없을 세 명의 로드트립 _ 홍윤이
에필로그 02 나의 모험은 끝이 나니 새로운 시작!_니카 차이코프스카야
에필로그 03 내가 바라본 나의 조국 키르키스스탄_샤키르 아리코브
에필로그 04 사진으로 보는 3인의 기르키스스탄 여행기

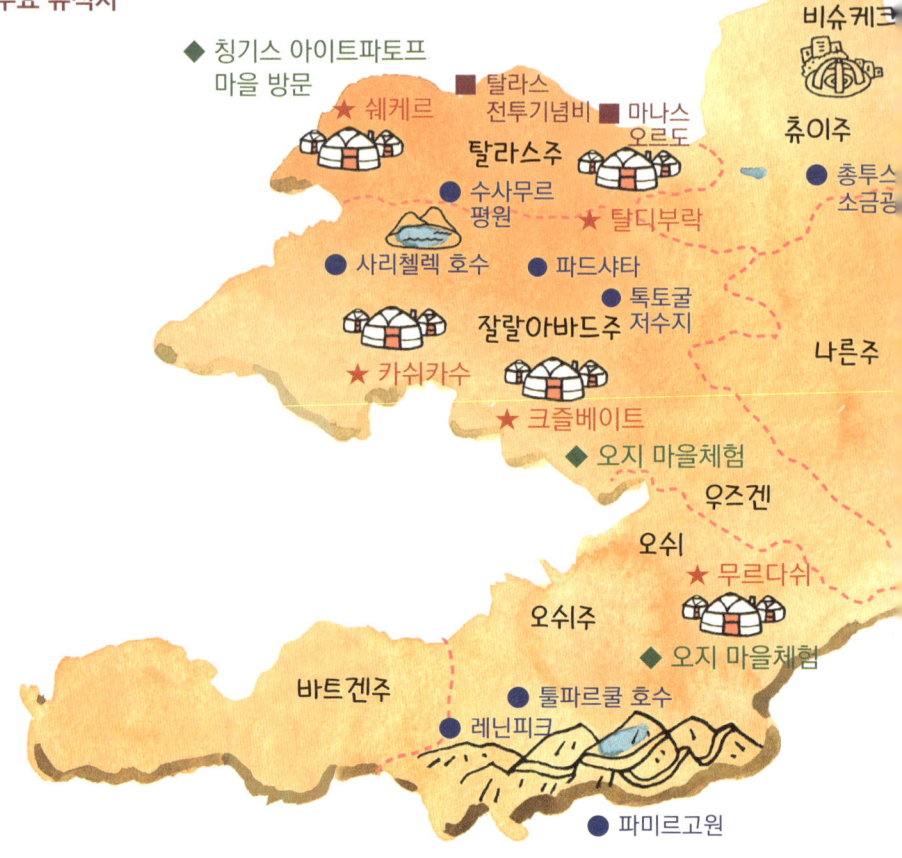

Theme 1.
땅 위에서
: 키르기스스탄의 자연

#봄

1.땅 위에서_키르기스스탄의 자연

© 2024. Shakir. All rights reserved
-유르트-

출발, 녹색의 향연이 시작되는 봄의 키르기스스탄 속으로

니카 차이콥스카야

"물론, 방문 시기에 따라 많은 것이 달라." 여행 가이드인 클림이 말한다. "넌 운이 좋아! 단 몇 주만 여행을 미뤘어도 봄을 놓쳤을 거야!"

주변이 온통 초록색이다. 내 머릿속 화가가 군청색과 담황색이 어떻게 섞여야 이 색조와 완벽하게 어울릴지를 필사적으로 알아내려고 한다. 이 색은 뭐라고 부르지? 황록색? 설마... 연두색?

청록색도 아니고 에메랄드색도 아니다. 팔레트에 저 색이 있을까? 아니, 그건 너무 칙칙하다. 사실, 가장 은은한 초록색이다. 제대로 표현하기 어려운 따뜻하면서도 시원한 중간색일 거다. 울창한 풀은 키 큰 나무들과 푹신한 둥근 덩굴, 심지어 멀리 있는 산들과도 잘 어울렸다.

"음, 사실 저건 산이 아니라 언덕이야." 가이드 클림이 말한다. 아 그랬구나.. 유채꽃밭의 옅은 노란색은 마치 신비로운 초록색에 햇살이 비쳐 보이는 것처럼 여전히 다른 풍경과도 완벽하게 어우러진다.

"몇 주 뒤면 여기는 모두 갈색으로 변하고 말라버릴 거야." 클림이 다시 말한다. "내가 말했잖아. 운이 좋은 거야!" 우리는 시골을 지나 비슈케크 근처 마을로 향한다. "두 시간밖에 안 남았어." 우리는 차창에 바짝 붙어서 사진을 최대한 많이 찍으려고 했다. "휴대전화 메모리를 아끼는 게 좋을 거야!" 라는 클림의 충고는 들리지 않는다.

1.땅 위에서_키르기스스탄의 자연

"여긴 외곽일 뿐, 볼 게 없어." 비슈케크 외곽이 동화처럼 보인다면, 도대체 다른 곳은 어떨까? 풍경이 빠르게 바뀌고 각각의 경치는 다음 경치보다 더 매혹적이다. 주변의 너무나도 아름다운 경치를 내 눈과 머리, 그리고 마음에 모두 담을 수 없다는 생각이 들자 무언가가 그리워지기 시작한다.

휴대전화에 모든 것을 저장하는 것만이 능사가 아니다. 그래서 그저 어찌할 줄 몰라 좌절한 채로 가만히 있었다. 휴대전화를 놓칠세라, 흔들려 찍힌 사진을 다 저장할 수 있을 만큼 메모리가 충분한지 궁금해하며 말이다.

© 2024. Nika. All rights reserved
-키르기스스탄의 봄-

초원에서 이틀밤 보내기

홍윤이

송쿨은 키르기스의 수도 비슈케크에서 멀지 않은 호수다. 내 머릿속의 '호수'는 우아하게 백조가 떠다닐 뿐, 해발고도 3000m에 있지도, 그리고 광활한 초원 한가운데 있지도 않았다. 하지만 송쿨은 그랬다.

좁고 험한 산길 위에서 오랜 시간을 보내야 송쿨에 도착할 수 있는데, 본격적으로 산으로 들어가기도 전에 이미 도로포장은 사라졌다. 동시에 핸드폰 신호도 사라졌다. 많은 것이 사라진 길 위엔 대신 놀라운 풍경이 채워졌다. 눈앞을 가득 채우는 설산을 보고 소리를 지르는 우리가 신기한지 클림은 "이게 정말 그렇게 좋습니까?"하고 묻는다.

1.땅 위에서_키르기스스탄의 자연

네네 그럼요. 좋고 말고요. 6월이지만 아직도 산에는 눈이 남아 있다. 차가 미끌어지진 않을까, 눈이 우릴 덮치진 않을까 조마조마하다. 눈이 덜 녹은 길을 지나고도 한참을 더 가자 저 멀리 호수가 보인다. 초록색 벌판 위에 나란히 놓인 흰색 점도 보인다. 우리가 묵을 유르트인가보다.

그러고 보니 여긴 전화도 안 되고 달리 연락할 방법이 없는데 어떻게 숙박을 예약하죠? 방법이 다 있단다. 아무렴요. 유르트는 아늑했다. 풀밭 위에 바로 구조물을 설치했으므로 바닥은 녹색 카펫이다. 드문드문 노란색 꽃이 피어있는 낭만적인 방이었지만, 밤이 되면 이런 감상은 싹 사라질 예정이었다. 바닥에서 올라오는 한기를 막아주는 것이 없기 때문이다. 유르트에서 잔다는 이야기에 혹시나 해서 침낭을 가지고 왔는데 아주 좋은 선택이었다.

© 2024. Shakir. All rights reserved
-송쿨호수-

© 2024. Shakir. All rights reserved
-홍윤이 작가-

하지만 그 때문에 자만하여 내 이불을 니카에게 준 것은 아주 잘못된 선택이었다. 침낭을 체온으로 덥히는 데는 오랜 시간이 걸렸고, 특히 발이 너무 시려 도저히 잠들 수 없었다. 어둠을 더듬거려 일단 손에 잡히는 옷을 꺼내 입었다. 겹쳐 입은 옷 덕분에 몸은 움직일 수 없지만, 머릿속은 바쁘다. '다음번에는 스토브와 코펠을 챙겨야지. 그리고 보온 물주머니도 있으면 좋겠다. 캠핑한다고 생각하는 것이 나으려나?'

추위에도 좋은 점이 있다. 별을 보기 위해 새벽에 억지로 일어날 필요가 없다는 것. 자다 깬 김에 유르트 밖으로 나갔다. 밤에는 유르트 밖으로 나가는 것부터 큰 모험이다. 앞으론 '칠흑같은 어둠'이란 표현 대신 '유르트 안 같은 어둠'이라는 표현을 써야겠다. 핸드폰은 어디로 갔는지 알 수 없고, 카메라도 손에 잡히지 않았다. 간신히 문을 열고 나오니 밖은 되려 별빛으로 밝다! 아는 별자리는 몇 개 없지만, 그 중 아는 걸 찾으니 참 반갑고 뿌듯하다. 시릴 때까지 눈으로 별을 기록하고 다시 유르트로 돌아가 잠을 청했다.

이튿날엔 다 함께 호숫가로 걸어갔다. 초원엔 알이 작은 노란 꽃이 흩뿌려지듯 피어 있다. 우리 숙소는 호숫가는 아니었지만, 호수가 바로 보이기 때문에 금방 걸어갈 수 있을 거라 생각했다. 하지만 아무리 걸어도 호수는 가까워지지 않았다. 고산 증세는 사람마다 다르지만, 걷는 데는 산소가 많이 소비되므로 익숙하지 않은 사람에겐 무리가 간다. 사진이라도 찍으려 앉았다 일어나면 머리가 핑 돈다. 그런데 다들 어떻게 저렇게 잘 걷는지 어지럽지도 않은가봐. 그렇게 꼬박 40분은 걸었나 보다. 드디어 호수의 물을 만질 수 있었다. 물은 투명하고 차가웠다. 그 물을 떠서 스케치북에 수채화를 끄적여보지만 도통 집중이 되지 않았다. 전날 잠도 설치고, 오래 걸어 그런 것 같아 일행에게 양

해를 구하고 먼저 자리를 떴다. 낮의 유르트는 햇볕으로 따뜻하게 데워져 있었다. 내리 몇 시간을 자고 일어나니 살 것 같았다.

저녁 시간엔 다들 말이 없었다. 내가 낮잠을 자는 사이 서로 싸우기라도 한 걸까? 알고 보니 호수까지 왕복으로 다녀온 후 힘든 건 나뿐만이 아니었다. 다들 수저를 드는 둥 마는 둥 하다 말 없이 각자의 침대로 돌아갔다.

나도 조용히 내 침대로 돌아왔다. 침대 위엔 숙소에 추가로 요청했던 이불이 놓여있었다. 니카에게 줬던 이불도 되돌려 받아서 이불이 2개가 되었다. 내일이면 송쿨을 떠나 다시 전기와 인터넷의 세상으로 돌아간다. 적응하자마자 떠나려니 아쉽다. 달 뜬 밤에 하얗게 칠해놓은 돌을 따라 화장실에 가는 것도, 사방이 트인 초원에 덩그러니 놓여 있는 세면기 앞에서 어색하게 양치하는 것도 이제 익숙해진 것 같은데.

보이지도 않는데 멀리서부터 마중하러 오던 강아지 삼 남매도 보고싶을 거다. 하지만 내일 아침 이 모든 것에 인사를 하고 떠나오면, 따뜻한 물에 샤워를 할 수 있다. 얼굴에 뜬 노곤한 미소를 감추지 못하고 깊이 잠들었다.

1.땅 위에서_키르기스스탄의 자연

© 2024. Shakir. All rights reserved
-유르트-

-송쿨호수-

송쿨호수 앞 언덕에서 드로잉하기

니카 차이콥스카야

이식쿨 호수를 아주 좋아하긴 하지만 키르기스스스탄에 있는 호수에서 가장 좋아하는 호수는 아니다. 전 세계를 통틀어 가장 좋아하는 호수는 송쿨호수다. 3,016미터 매우 높은 고도에 있다.
내가 있는 여기는 우리가 가장 오래 머무른 곳으로 바큐트 캠프라고 부르는 작은 유르트이다.

-송쿨호수-

1.땅 위에서_키르기스스탄의 자연

6월인데도 날씨가 습하고 춥다. 하지만, 언젠가는 가까운 산으로 모험을 해보기로 마음먹는다. 안개를 뚫고 올라 도착한 그곳에서 숨어있는 태양도 볼 수 있었다! 뜨거운 햇빛이 반은 얼고 반은 젖은 우비를 재빨리 말린다. 나는 풀밭에 털썩 주저앉아 햇볕을 쬐며 숨을 들이쉰다.

작고 하얀 강이 아래로, 계곡으로 흘러들어 간다. 우리가 캠프에 도착하기 전 지하 어딘가로 사라진다. 안개 낀 구름 뒤 어딘가에 숨어 있는 송쿨 호숫물과 합류하려고 바위투성이 땅을 비집고 들어가는 모습을 상상한다. 나는 다시 한번 기후가 바뀐 지역으로 이동했다고 느낀다. 거기에 앉아 마음껏 스케치하며 두꺼운 회색 벽으로 다시 들어가 캠프로 돌아갈 시간을 미루고 있다.

© 2024. Shakir. All rights reserved
-송쿨호수-

송쿨은 작지만 찾아가기에 좀 까다로운 호수다! 걸어서든 차로 이동하든 송쿨 호수에 가려고 할 때마다 일종의 모험을 하게 된다. 산이 많은 평야의 거리는 겉보기와는 다르다. 우리 캠프가 호수 바로 옆에 있는 것 같아도 호숫물을 만지려면 꽤 시간이 걸린다. 계속해서 끊임없이 걷는다. 내 안에 있는 할머니가 숨을 헐떡이고 욕을 하기 시작한다! 그래도 우리는 더 걸어야 했다.

그래도 호수에 도착하기만 하면 원하는 만큼 그림을 그리고 스케치할 수 있으니 정말이지 커다란 축복이다.

윤이와 나는 샤키르의 그림 속도를 간신히 조금 따라잡았다!

© 2024. Nika. All rights reserved
-3명의 작가-

여행은

때론 함께 걷는 것

그리고

여행은

때론 혼자 높은 산에

오르는 것

1.땅 위에서_키르기스스탄의 자연

© 2024. Nika. All rights reserved
-송쿨호수-

6월의 야생화 잔치

샤키르 아리코브

키르기스스탄의 6월은 아름다운 야생화가 잔치를 한다.
봄, 여름, 가을, 겨울… 4계절의 색이 뚜렷한 키르기스스탄에서 1년 중에서 가장 빛나는 날이 6월이다.

눈과 얼음이 설산에서 녹아 생명수가 되어 대지를 적시면 어느새 차갑고 하얀 설산은 푸르게 변하고, 대지는 이름 모를 들꽃의 향연으로 우리들의 마음을 설레게 한다.

해마다 6월이 되면 송쿨호수와 알틴아라샨에서 때 묻지 않은 절대 순수의 이 꽃들이 당신을 기다린다.

1.땅 위에서_키르기스스탄의 자연

© 2024. Nika. All rights reserved
-야상화 그림-

#여름

© 2024. Shakir. All rights reserved
-이식쿨 호수 사우스뱅크-

제주도가 몇 개 들어간다고?

홍윤이

이식쿨은 축적이 작은 지도에서도 선명히 보이는 커다란 호수다. 만약 제주도를 이식쿨에 집어넣는다면 여러 개가 들어간다니 과연 어마어마한 크기다. 정확히 몇 개였는지 개수가 생각나지 않아 인터넷에 검색해 보니, 2개부터 4개까지 실로 범위가 넓다. 여유 있게 퐁당 빠뜨리면 2개, 억지로 구겨 넣으면 4개라는 말이겠지. 그래서 그냥, 어림잡아 3개가 들어간다고 적기로 했다.

우리는 차를 세우고 호숫가로 내려갔다. 니카는 망설이지 않고 옷을 입은 채로 물로 뛰어들었다. 누군가는 햇빛으로 따끈해진 모래밭에 드러누웠고, 몇몇은 천천히 호숫가를 걷는다.

나는 적당한 곳에 자리를 잡고 앉아 돌을 만지작거리거나 모래에 손을 넣었다 뺐다 해본다. 하얗고 고운 모래 밭만 보면 바다가 분명한데, 그 모래밭에 풀과 나무가 듬성듬성 자리 잡고 있는 모습은 바다에서 보지 못했던 풍경이다.

물가에 앉아 정면으로 시선을 두면 수평선이 보이고, 그 위로 희미하게 흔적처럼 자리 잡은 눈 덮인 산의 능선을 볼 수 있다. 물을 손가락으로 찍어 맛을 보았다. 연한 소금기가 느껴진다. 잔잔하고 조용하게 파도가 일렁인다. 호수인데 바다 같고, 바다라고 하기엔 순한 맛이다. 이런 생각을 하다 문득, 내게 익숙한 바다의 모습을 여기서 너무 열심히 찾고 있다는 걸 알아차렸다. 이식쿨은 그냥 호순데.

© 2024. Yuni. All rights reserved
-이식쿨 호수-

내 마음속 상어를 찾아 이식쿨바다(?)로!

니카 차이콥스카야

키르기스스탄에는 바다가 있다. 정확히는 아주 큰 호수가 하나 있다. 하지만 이식쿨 호수는 진짜 바다처럼 보인다. 내가 가족과 함께 살고 있는 제주도보다 훨씬 더 크다. 나에게 제주도는 아주 큰 곳이다. 해안 일주도로를 한바퀴 돌려면 엄청난 시간이 걸린다. 하지만 이식쿨의 매혹적인 해안 길이는 제주도 전체 길이의 세 배다.

© 2024. Nika. All rights reserved
-이식쿨-

1.땅 위에서_키르기스스탄의 자연

이식쿨 호수의 물빛은 내 고향 근처의 바다처럼 아름답고 변화무쌍하다. 마치 샤키르가 재빠르게 스케치하듯 이식쿨 호수의 물빛도 몇 분 만에 화가 난 듯 차갑고 어두운 남색이나 차분한 뉴트럴 회색에서 유쾌하고 들뜬 열대 초록색으로 빠르게 바뀌고 있다.

정말 재미있게도,
이식 쿨 호수
해변에 있는
이 조약돌들은
키르기스스탄의
자연만큼이나
다양하다.

"그래, 잘 들어봐! 보트가 고장 난 거 같아. 하지만 다행히 이 시기에는 상어가 그렇게 많지 않으니 해안까지 수영해도 괜찮을 거야!" 우리는 작고 하얀 배에 앉아 있다.

키르기즈 프렌즈(KF)의 추상훈 아저씨가 발릭치 마을에서 사 온 맛있는 샤와르마*를 우적우적 씹으면서 행복을 느꼈다. 해안가가 거의 보이지 않을 무렵, 노련한 선장이 엔진을 끄고는 작은 선실에서 천천히 나와 한숨을 무겁게 내쉬며 우리에게

*샤와르마 (امْرَواش) [Shawurma / Shawarma]
레반트의 회전구이 고기 요리이다. 오스만 제국의 세로 회전구이가 기원인 음식으로, 아랍권 전역에서 즐겨 먹는다. 아랍에미리트의 국민 음식 가운데 하나로 여겨진다.

구명조끼를 나눠주기 시작한다.
커다란 회색 콧수염을 기른 선장은 내내 껄껄 웃는다.
물론, 농담도 함께 곁들이면서 말이다.
여하튼 아주 신나는 경험이다!

우리는 이식쿨 호수 한가운데에서 바로 그곳에서 수영한다!
사실, 중간과 가까운 곳이 아니라 해안에서 1킬로미터밖에 떨어지지
않은 곳이지만… 여하튼 재미있는 일임은 틀림없다!

내 안에 있는 작은 꼬마가
여전히 상어를 찾고 있다.

조심해서 나쁠 건 없으니까.

© 2024. Nika. All rights reserved
-이식쿨 호수-

스카즈카에 요정이 없다고?

홍윤이

스카즈카 협곡에 갔다. '스카즈카'는 러시아어로 동화, 또는 옛날이야기란다. 딱 맞는 이름이다. 바람은 긴 세월에 걸쳐 붉은 바위를 용, 코끼리, 뱀모양으로 조각했다. 땅을 뚫고 우뚝 솟은 성도 있다. 붉게 물든 사방이 사막처럼 건조하다. 바위처럼 단단해 보이는 곳도 발을 디디면 표면이 모래처럼 부서져버린다. 이런 메마른 땅을 부여잡고 꿋꿋이 자라는 식물도 있다.

1. 땅 위에서_키르기스스탄의 자연

미끄러운 언덕을 조심조심 올라가 북쪽을 바라보고 서면, 붉은 땅 너머로 파랗게 빛나는 이식쿨을 볼 수 있다.
스카즈카 협곡에 방문할 거라면 미끄러지지 않는 신발, 직사광선을 피할 수 있는 모자와 선글라스, 충분한 물, 그리고 아름다운 바위와 돌 틈에서 동화 속 요정을 찾으면 나눌 이야기거리를 준비해야 한다.

© 2024. Shakir. All rights reserved
-스카즈카-

요정말고 이 세상 모든 종류의 풍경이 있지!!!

니카 차이콥스카야

키르기스스탄에 있는 동안 우리가 이틀 연속으로 한 장소에 머무른 날은 고작 며칠밖에 되지 않는다. 불쌍한 지친 몸과 눈에 보이는 모든 것을 포착해야 한다는 본질적인 욕구 때문에 놀랄 만큼 긴장이 된다. 하지만 엄청난 축복이다. 키르기스스탄의 자연이 너무나도 다양해서 아시아의 한 나라가 아닌 마치 전 세계를 여행하는 것 같기 때문이다. 파미르의 눈 덮인 정상에서 사리 모골 근처에 있는 사막 같은 평야까지, 키르기스스탄은 사실상 지구상에 존재하는 모든 종류의 풍경을 모두 간직하고 있다.

© 2024. Nika. All rights reserved
-산, 타슈 라바트-

1.땅 위에서_키르기스스탄의 자연

키르기스스탄에는 그랜드 캐니언도 있다! 그리고 오쉬에 있는 술레이만투 산 주변에는 열대 덩굴식물도 정말로 볼 수 있다! 타슈 라바트의 광활하고 가파른 초록 비탈, 알틴 아라샨의 얼음처럼 차고 하얗게 요동치는 강, 제티오구즈의 핏빛처럼 붉은 수직 암벽, 촌투즈의 거대한 고대 소금 채석장 등 우리가 가는 모든 곳이 마치 완전히 새로운 행성을 여행하는 것처럼 느껴진다.
우리가 아직도 키르기스스탄 국경 안에 있다고 믿고 있는 내 불쌍한 마음을 이해할 수 없다.

© 2024. Shakir. All rights reserved
-산, 스카즈카-

제티오구즈에서 만난 황소

홍윤이

제티오구즈(Jeti-Oguz)는 '7마리의 소'라는 뜻이다. 붉고 거대한 바위가 나란히 솟은 모양을 보면, 누구라도 이런 이름을 붙이고 싶었을 것이다.

옛날에 두 나라가 있었다. 한 나라에는 아름다운 왕비가 있었는데, 다른 나라의 왕이 이 여인을 탐낸 나머지 납치를 한다. 전쟁이 일어났고, 협상을 위해 두 왕이 만난다.

그리고 그 자리에서 원래 남편이었던 왕이 다른 사람의 아내가 되어버린 왕비를 칼로 찔러 죽인다. 갖지 못하면 없애버리는 것이 낫다며. 그리고 그때 왕비가 흘린 피에서 소의 형상을 닮은 바위가 솟아났다.

© 2024. Yuni. All rights reserved
-제티오구즈-

1.땅 위에서_키르기스스탄의 자연

인솔자의 설명이 끝났다 니카와 나는 서로 마주 보았다. 그리고 동시에 고개를 흔들며 '남자들이란…' 하고 읊조렸다. 전설은 입에서 입으로 전해내려 오는 거라 시대와 사람에 따라 내용이 달라지는 법인데, 이곳의 전설은 아직 각색이 덜 된것 같다.
그건 그렇고, 이 바위가 한국에 있었다면 소 일곱 마리가 아니라 호랑이 일곱 마리가 되지 않았을까? 바위에 새겨진 무늬가 나에게는 호랑이 등의 줄무늬처럼 보였다.

© 2024. Shakir. All rights reserved
-제티오구즈-

© 2024. Nika. All rights reserved
-제티오구즈 붉은 암벽-

© 2024. Shakir. All rights reserved
-제티오구즈에서 바라본 풍경-

1.땅 위에서_키르기스스탄의 자연

© 2024. Shakir. All rights reserved
-제티오구즈에서 바라본 풍경-

'중앙아시아의 알프스', 알틴아라샨

홍윤이

조지아는 코카서스의 알프스라더니, 키르기스는 중앙아시아의 알프스란다. 알프스가 뭐길래 한국에도 '영남알프스'가 있는지. 난 진짜 알프스엔 못 가봤지만, 웬만한 '유사 알프스'는 다녀왔으니 알프스도 '거의' 다녀온 꼴 아닐까? 키르기스는 국토 대부분이 산이다. 국토의 80%가 해발 2000m 이상이고, 최고봉인 포베디는 7439m라니, 한국에도 산이 많다는 이야기를 꺼내기가 조금 머쓱해진다.

아침 일찍 카라콜을 출발해 알틴아라샨 기슭에 있는 리스노에 마을로 갔다. 알틴아라샨은 왜 키르기스스탄을 중앙아시아의 알프스라 하는지 실감할 수 있는 곳이다. 마을에는 산악용 차량이 우리를 기다리고 있었다. 우리 일행은 이틀 동안 쓸 짐만 챙겨 차를 갈아탔다. 여기서 11km를 가면 알틴아라샨 베이스캠프가 나오는데, 그곳이 우리의 목적지다.

베이스캠프까지는 차를 타고 갈 수 있지만 걷는 편이 훨씬 수월하다. 차를 타는 건 엉덩이만 고생하는 일이 아니라, 어느 방향으로 어떻게 튈지 모르는 차 안에서 온몸으로 '디스코팡팡'을 탄 것처럼 신체이탈을 해야 한다. 우리는 어차피 짐도 차에 실었으니 가벼운 몸으로 걷는 쪽을 선택했다.

알틴아라샨을 오르는 길은 생각보다 수월했다. 포장도로는 아니지만 차가 오갈 수 있는 정도의 길이니, 등산보다는 산책처럼 느껴졌다. 중간지점에 완만한 경사가 있고, 마지막 1km를 남겨놓고도 오르막이 있지만 대부분 평탄하다. 늘 바쁜 나에게 오늘처럼 걷는 것이 전부인 날이 얼마나 되겠나. 쉬엄쉬엄 걷기로 다짐한다. 하지만 아무리 천천히 걸어도 눈과 손은 풍경을 담느라 바쁘다. 한 걸음 한 걸음 알틴아라샨은 새로운 장면을 선물하기 때문이다.

1.땅 위에서_키르기스스탄의 자연

-알틴아라산-

노천온천 모험기

홍윤이

어쨌든 많이 걷고 게다가 비도 맞았다. 베이스 캠프에서 몸이 젖은 채로 늦은 점심을 먹는데, 근처에 온천이 있으니 저녁 전에 다녀오는 게 어떻겠냐는 말이 오간다. 온천이 어디 있냐 물어보니 '저쪽으로 쭉 걸어가면 갈색 지붕 건물이 있다. 거기서 내려가면 나올 것이란다. 들을 때는 미덥지 않았으나, 실제로 가보니 찰떡같은 설명이다.

젖은 땅을 밟지 않기 위해 조심하면서 오두막이라고 부르기엔 초라한 낡고 오래된 건물 앞에 섰다. 천장에는 구멍이 났고 벽 한구석은 무너졌다. 이런 곳에서 과연 온천을 할 수 있을지 의심이 들었지만(키르기스 여행을 하려면 이런 의심을 내려놓는 법을 배워야 한다), 수영복으로 갈아입고 탕에 들어가니 모든 미움과 원망이 스르르 녹는 기분이다. 오두막 바깥에는 노천 온천도 있어 왔다 갔다 하며 온천을 즐겼다.

다음 날, 종일 비가 왔다. 잠시 비가 그친 사이 혼자 등산을 다녀왔는데 발을 잘못 디뎌 발목 아래가 그만 진흙 범벅이 되어버렸다. 자의 반, 날씨 탓 반으로 이틀 연속 온천에 몸을 담그기로 한다. 전날 니카 혼자 온천행에 실패했다. 저녁에 갔더니 온천 오두막 문에 자물쇠가 채워졌던 것이다. '오늘은 반드시 온천에 가겠다.'고 다짐한 니카와 비옷을 입고 산장에서 온천까지 모험을 떠났다. 저녁이라 그런지 오두막은 역시 문이 잠겨있다. 차선책으로 노천온천으로 걸음을 옮겼다.

그런데 '악', 먼저 탕에 들어간 니카가 외마디 비명을 질렀다. 온 몸이 삶아질 정도로 뜨겁다나. '어제는 딱 좋은 온도였는데 무슨 소리지, 온천에 익숙하지 않은가?' 라며 탕에 몸을 담근 나 역시 '악', 소리를 지를 수밖에 없었다. 어제와는 차원이 다르다. 하루 사이에 대체 무슨 일

1.땅 위에서_키르기스스탄의 자연

이 일어난걸까?

이미 옷은 벗었고, 젖은 몸은 식어간다. 씻을 수도 안 씻을 수도 없는 상황에서 다리 한 짝을 넣어 버틸 수 있을 때까지 버텼다가 다른 쪽 다리로 바꿔본다. 다리 하나는 견딜 수 없을 정도로 뜨겁게 익어가지만, 그 부분을 제외한 나머지 부분은 마치 차가운 햄처럼 느껴진다. 어쨌든 최선의 해결 방법은 최대한 빨리 씻는 것. 우리는 비명을 지르고, 온갖 언어로 욕을 하며 목욕을 마쳤다. 누군가 멀리서 그 절규를 듣고 오해하지 않았으면 하는 바람과 함께.

© 2024. Shakir. All rights reserved
-알틴아라샨-

어디에나 양떼

니카 차이콥스카야

키르기스스탄 어디를 가든 양을 볼 수 있다.
귀여운 네 발로 걷는 흙빛을 띤 솜뭉치는
자신들 일에만 신경을 쓰지만, 우리는 그럴 수 없다.
안 돼, 양들이 지나가고 길을 비울 때까지는 안 돼!
윤이와 나에게는 양 무리가 마치
산 비탈을 천천히 올라가는 거대한 초콜릿 양 쿠키처럼 보인다.
하지만, 샤키르와 드미트리 운전사는 양을 볼 때마다
"케밥"이라 부른다.
불쌍해라. 맛있어 보이는 양이라니…

1.땅 위에서_키르기스스탄의 자연

© 2024. Nika. All rights reserved
-양떼-

샤키르의 KF 문화마을 여행스케치_
이 리스노예 _ 이식쿨주

세계적으로 유명한 트래킹의 명산, 알틴아라샨 입구에 위치하고 있는 리스노예 마을은 온천으로 유명하다. 무엇보다 아름다운 산세 속에서 트랙킹을 준비하며 출발 전, 도착 후 쉼과 평화를 누릴 수 있다.

© 2024. Shakir. All rights reserved
-리스노예 마을-

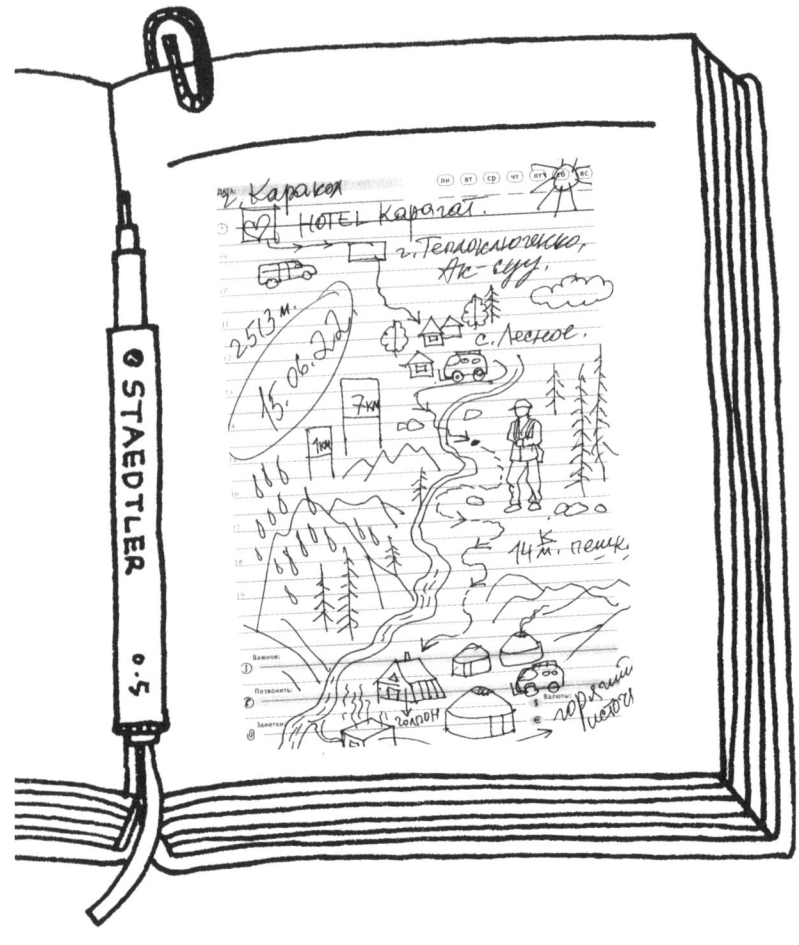

1. 땅 위에서_키르기스스탄의 자연

홍윤이

푸른 초목이 산을 뒤덮던 계절이 지나고, 가을이 되었다.
녹색에 가려져 보이지 않던 색들이 이제야 보인다.
타오르는 붉은, 내 머리카락처럼 어두운,
그 사이를 비집고 돋아난 머리처럼 빛나는,
다양한 채도와 명도의 회색도, 모두 땅의 색이다.
키르기스스탄에선 "낯빛이 흙빛이다." 같은 표현을 할 일이 없겠구나.

© 2024. Yuni. All rights reserved
-키르기스스탄의 가을-

키르기스스탄의 푸른 숲을 간직한 파드샤타

샤키르 아리코브

파드샤타(Padysha-Ata) 보호구역은 서쪽 천산산맥(Tien-Shan) 잘랄아바드(Jalal-abad)에 있다. 면적은 대략 30,560헥타르고 2003년 향나무 숲을 보존하는 보호구역으로 지정됐다. 독특하고 희귀한 식물들이 여기에서 많이 자라고 특히 눈표범을 만날 수 있다.

1.땅 위에서_키르기스스탄의 자연

잘랄아바드 계곡은 신성하게 여기는 장소가 많다. 그 중 하나가 바로 파드샤타이다. 오지 관광과 생태 관광을 좋아하는 사람들이 이곳을 찾는다면 특별하고 의미있는 시간을 보낼 수 있을 것이다.

© 2024. Shakir. All rights reserved
-파드샤타-

천상의 호수, 사리첼렉

샤키르 아리코브

사리첼렉(Sary-Chelek)은 키르기스스탄 서쪽 천산산맥 서부에 있다. 천상의 호수라 불리는 산정호수로 해발은 약 2,000m, 수면 면적은 470ha, 깊이는 245m이다.
호수와 주변은 생물권보호구역으로 보호받는다.

샤키르의 KF 문화마을 여행스케치_
02 카쉬카수 _ 잘랄아바드주

잘랄아바드에 있는 카쉬카수 마을은 아름다운 자연으로 둘러싸여 있다. 키르기스스탄 최고의 아름다움을 자랑하는 파드샤타와 사리첼렉호수가 가까워 자연여행을 즐기기에 좋은 곳이다.

© 2024. Shakir. All rights reserved
-카쉬카수 마을-

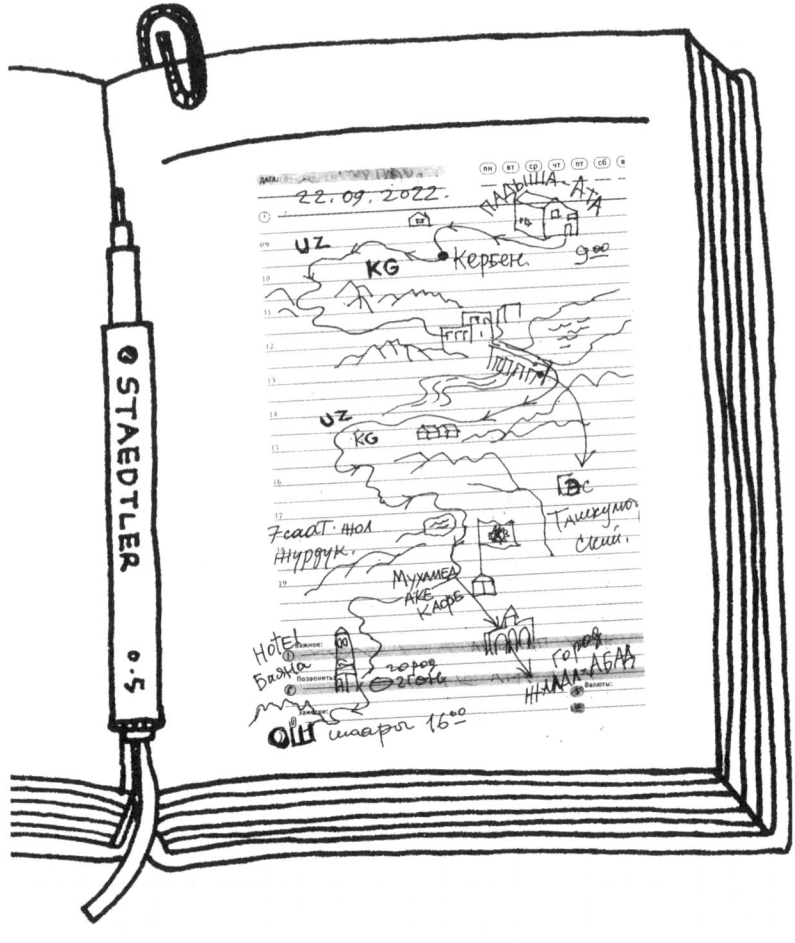

1.땅 위에서_키르기스스탄의 자연

85

1.땅 위에서_키르기스스탄의 자연

© 2024. Shakir. All rights reserved
← 탈디블락 마을의 자작나무숲
↓ 툴파타쉬(Tulpar-tash lake) 호수

레닌 피크의 이름이 바뀐다면

홍윤이

키르기스스탄은 내륙국으로 북쪽으로 카자흐스탄, 동쪽으로 중국, 서쪽으로 우즈베키스탄, 남쪽으로 타지키스탄과 국경을 맞대고 있다.

타지키스탄과 키르기스스탄 사이에는 세계의 지붕이라 불리는 파미르 산맥이 있다. 이 파미르 산맥의 최고봉이 레닌피크(Lenin Peak)로 7,134m에 이른다. 1928년 러시아의 혁명가 블라디미르 레닌의 이름을 딴 것이 지금까지 이어지고 있다.

키르기스에서도 봉우리의 이름을 바꾸자는 움직임이 있단다. 만약 바꾼다면 어떤 이름이 좋을까? 나에게 그 이름을 지으라고 한다면 나는 주저없이 알라이(파미르 산맥의 북쪽 이름)의 여왕 '쿠르만잔 다트카'의 이름을 따 '쿠르만잔 다트카봉'이라 하겠다. 과거의 영광을 상기시키며 동시에 키르기스스탄의 지향점을 보여주는 이름으로 이보다 더 적절한 이름이 있을까?

1.땅 위에서_키르기스스탄의 자연

© 2024. Yuni. All rights reserved
-레닌피크 주변 언덕-

© 2024. Shakir. All rights reserved
-레닌피크-

© 2024. Shakir. All rights reserved
-무르다쉬의 산-

1.땅 위에서_키르기스스탄의 자연

© 2024. Shakir. All rights reserved
-무르다쉬의 저녁-

© 2024. Shakir. All rights reserved
-파미르고원 가는 길(Kalmak Ashoo Pass)-

1.땅 위에서_키르기스스탄의 자연

© 2024. Shakir. All rights reserved
-아큐슈 가는 길 위(on the road to Aksyu)-

샤키르의 KF 문화마을 여행스케치_
03 무르다쉬 _ 오쉬주

오쉬지역에 있는 무르다쉬는 문화마을 중 최남단에 있다.
키르기스스탄을 대표하는 유적지인 오쉬와 우즈겐 여행과,
파르마고원 쪽 레닌피크 여행을 위한 준비를 하면서 쉴 수 있는
곳이다.

© 2024. Shakir. All rights reserved
-무르다쉬 마을-

1.땅 위에서_키르기스스탄의 자연

© 2024. Shakir. All rights reserved
-겨울풍경-

1.땅 위에서_키르기스스탄의 자연

© 2024. Shakir. All rights reserved
-키르기스스탄의 늦은 가을, 첫눈 그리고 유르트-

04. 겨울

홍윤이

키르기스의 초겨울 풍경은 색면 추상 회화 같다.
하늘은 파랗고
산은 하얗고
땅은 황금색으로 빛난다.
겨울이 깊어지면, 이 모든 것이 하얗게 변한다.

© 2024. Yuni. All rights reserved
-겨울풍경-

겨울이 조금 먼저 오는 알라아르차 국립공원

홍윤이

비슈케크에서 30분이면 갈 수 있는 곳에 국립공원 알라아르차가 있다. 11월 중순의 비슈케크 시내엔 아직 눈이 쌓이지 않아, 눈도 보고 등산도 할 겸 알라아르차로 갔다. 예전엔 여름 시즌이 끝나면 식당과 숙소도 문을 닫았다는데, 지금은 스키나 스노우하이킹과 같은 겨울 스포츠를 즐기는 사람이 늘어나 겨울에도 숙박업소가 영업을 하고 있단다. 도심에서 가까운 곳에 이렇게 겨울 스포츠를 즐길 수 있는 곳이 있다니 관광객에겐 정말 완벽한 조건이다.

누르술탄이 지도를 보며 우리가 가야 할 길을 설명했다. 시간이 얼마나 걸리냐는 질문에 눈길을 2km 걸어야 한다는 대답이 돌아왔다. 난 속으로 '정말 힘들어서 실력에 따라 걸리는 시간이 다른가 보네.'하고 바짝 긴장했다. 발목을 계속 붙잡는 눈 때문에 설산에서는 체력이 금방 소진되기 때문에 눈 산행은 난이도가 높다.

하지만 지금 생각해보니 그가 그렇게 대답한 이유는 정말 소요 시간을 몰랐기 때문이었던 같다. 알라아르차는 길이 평탄해서 산책하듯 가볍게 다녀올 수 있었다. 몸이 힘들지도 않고, 눈도 실컷 볼 수 있어서 너무 들떴는지도 모르겠다. 하이킹이 끝나고 공원 입구 앞 카페 계단을 오르다 제대로 미끄러졌다! 덕분에 남은 일정은 무릎의 멍과 함께 보냈다.

세 번의 여행이 끝나는 날, 비행기를 타러 가기 전 마지막 식사를 샤키르와 함께 했다. 그가 물었다. 이제 키르기스스탄의 사계절을 다 본 셈인데, 그중 언제가 가장 좋았냐고, 나는 바로 지금, 겨울이 제일 좋다고 말했다. 샤키르는 이해할 수 없다는 표정이었다.

1.땅 위에서_키르기스스탄의 자연

© 2024. Shakir. All rights reserved
-겨울설산-

Theme 2.
길을 만들며
:노마드 라이프

햇빛이 가득 들어온 유르트안에서

니카 차이콥스카야

차에서 내리자마자 샤키르는 스케치를 시작한다. 뒷마당에는 커다란 유르트와 아주 높은 곳에 매달린 나무 그네, 할머니의 작은 정원에 있었던 것과 똑같은 오래된 물탱크, 조그마한 개 집 옆에 묶여 있는 귀여운 개 한 마리와 웃음을 머금고 야외 부엌에서 음식을 준비하느라 분주한 아가씨 두 명이 있다.

무거운 접시를 조심스럽게 나르고 있는 어린 여자아이가 마당을 지나 유르트 안으로 사라진다. 여자아이에게는 그 일이 몹시 중요해 보였지만, 부엌으로 돌아가는 길은 깡충깡충 행복으로 뛰어간다. 여자아이의 여동생은 근처에서 놀고 있다.

산다운 산들이 멀찍이 몇 개 있고 모든 곳이 여전히 초록빛이다. 그 초록빛을 점점이 붉은 꽃들이 수놓았다. 나의 눈은 경치를 대충 훑어보고 햇빛이 물탱크 옆에 있는 다이아몬드 모양의 물방울을 어떻게 비추는지 바로 알아차렸다.

하지만, 샤키르의 연필은 단 몇 번의 획으로 이를 포착한다. 샤키르의 연필이 스케이트 선수처럼 종이 위아래로 미끄러지듯 움직인다. 햇살을 받으며 게슴츠레 눈을 뜨고 있는 샤키르는 마치 배에 탄 선장이 수평선을 측량해 항해 일지에 재빨리 메모하는 것처럼 보인다.

산더미 같은 내 미술용품을 풀 무렵이면 점심을 먹으러 유르트에 돌아갈 시간이다. 샤키르는 작은 벽을 충분히 채울 만큼 스케치를 하고 있다. "좋아!" 나는 혼잣말을 한다. "생각했던 것보다 힘들 거야. 각오를 해야겠어. 과정을 다시 생각해 봐야겠어."

2.길을 만들며_노마드 라이프

하지만 문제는 과정도, 넘치게 가져온 미술용품도,(어떻게 그럴 수가 있겠어?), 시간이 부족해서도 아니다. 그저 어디를 봐야 할지, 주변이 온통 너무 아름다워 내 탐욕스러운 눈이 볼 수 있는 모든 걸 담으려고 하는 것이 문제다. 나무, 들판, 산, 능청스럽게 산을 흉내 내는 거대한 구름이 떠 있는 하늘. 그리고 비바람에 풍화된 돌로 된 부엌, 개울을 가로지르는 덩굴로 덮인 다리, 자두나무 아래 야외 테이블.

유르트에 들어가면 숨이 턱 막힌다. 커다란 성당처럼 생긴 구조에 고작 작은 창문 하나와 꼭대기에 있는 작고 둥근 구멍 뿐이다. 양가죽으로 반쯤 닫혀 있어 빛도 거의 들어오지 않는다. 하지만 햇빛이 멋진 역할을 한다. 유르트는 반사된 빛으로 휩싸이고 알록달록한 담요에서 다양한 색깔의 조각들이 즐겁게 뛰어오른다.

그리고 그곳에 차가 있다. 키르기스스탄 어디를 가든 차를 아주 많이 마시게 되지만, 커다란 유르트에서 처음 마시는 차는 마치 햇살을 마시는 듯하다.

아름다움이 때때로 조금 우울할 수 있다는 것을 알고 있었는가? 음, 예술가에게는 확실히 그럴 수 있다. 알다시피, 우리는 정말로 탐욕스러운 무리다. 가져갈 수 없어 우리 것으로 만들지 못한다면, 우리는 모두 슬프고 불안해지겠지. 영어로는 정확하게 표현할 말을 찾지 못했지만, 러시아어로는 완벽한 말이 있다.

Не могу налюбоваться (사랑에 빠질 수가 없다)

아름다움이 넘쳐나는데 그만 외면해야 하는 것이 얼마나 어려운지를 표현하고자 할 때 이렇게 말한다.

"마음껏 볼 수가 없네, 마음껏 볼 수가 없어."

하지만 러시아 예술가들 사이엔 다른 속담이 있다.

Если не можешь налюбоваться - нарисуй! (사랑에 빠질 수 없다면, 그림을 그려!)

"만약 네가 무언가를 마음껏 보거나 감탄할 수 없다면, 그림을 그려!"라는 뜻이다. 글쎄, 이전에는 항상 효과가 있었다. 정신을 잃지 않고 파리에 머물며 스케치 여행을 완수했고, 이제 나는 서글픈 그리움에 잠기지 않고도 노트르담과 루브르를 그린 나의 작은 그림들을 돌아볼 수 있다. 알다시피, 모든 그림을 내가 다 가져갔다. 나는 그림으로 가득 찼다.

그런데 키르기스스탄은 다르다. 저녁에 화면을 스크롤하며 보는 사진들은 내가 낮에 본 것을 반영하지 못한다. 난 스케치를 빨리할 수도 없고 어디서부터 시작해야 할지도 모른다.

2.길을 만들며_노마드 라이프

그런 나를 도와준 사람이 바로 윤이다. 윤이는 내가 겪고 있는 걸 이해하는 것처럼 보이고 그냥 이렇게 말한다. "모든 것이 아닌 무언가에 집중해. 한 번에 하나씩. 지금 이 순간, 네 눈에 가장 끌리는 게 뭐야?"

알툰 아주머니는 손을 재빨리 움직여 갓 구워 바삭하면서도 부드러운 맛있는 전통 빵 덩어리를 짓이기고 있고 따뜻한 금빛의 빵 부스러기는 햇빛에 반짝거리며 하얀 테이블보 위에 흐트러져 있다.

키르기스스탄에서는 빵을 테이블보 위에 바로 떨어뜨린다. 빵 접시가 아니고? 말도 안 돼! 아주머니는 근엄한 미소를 짓고 있다. 그건 내 할머니에게서 보았던 모습이다. 얘, 먹어! 아주머니는 우리에게 계속해서 마실 차를 따라주고 찻잔을 통과한 햇빛은 아주머니의 밝은 갈색 눈을 비춘다. 아니면 그 반대인가? 그 빛은 아주머니에게서 나오는 것일까?

아주머니는 정말 아름답다.
꼭 아주머니를 그려보고 싶다!

© 2024. Nika. All rights reserved
알툰(Altyun) 아주머니

초상화를 그리다.

니카 차이콥스카야

나는 만나는 사람들의 초상화를 그리기 시작했다. 나의 멋진 모델들을 똑바로 바라보며 그림을 그리는 순간과 완성된 그들의 작은 초상화가 바로 가장 큰 즐거움이다.

연청색 하늘에 반짝이는 눈 봉우리가 있는 눈부시게 아름다운 산도 아니다. 그렇다고 말들이 평화롭게 풀을 뜯고 있는 아주 높은 평원도 아니다. 글쎄, 솔직히 말해서, 내 목숨을 걸더라도 말을 제대로 그릴 수가 없다. 그저 사람들을 담은 작은 그림들과 수채화뿐이다.

2.길을 만들며_노마드 라이프

아나벡은 알툰 아주머니 남편이다. 아나벡은 자신을 그린 초상화를 맘에 들어 하는 것 같다. 아니면, 그저 나에게 친절하게 대해준 것일까? 잘 모르겠다. 아나벡에게는 손녀 아윰과 아이세윰이 있다. 굉장히 밝고 재미있으며 호기심이 많은 어린 여자아이들이다. 다이애나와 다이애나의 엄마 박티걸, 내 새 여동생 엘미라와 엘리다도 있다. 고향인 카라수 마을에 우리를 데리고 다니며 많은 이야기를 들려주는 아주 영리하고 똑똑한 십 대 누라이도 있다.

알툰 아주머니를 제대로 그리려면 시간이 좀 걸린다. 하지만 난 할 수 있다! 잘해냈으면 좋겠다. 만나는 사람들을 모두 그리고 싶어서 사진을 찍고 나중에 초상화를 보내주겠다고 약속한다. 그리고 나는 이 약속을 하나도 빠지지 않고 다 지킬 때까지 키르기스스탄 모험을 끝내지 않을 것이다!

이 작은 초상화들을
가지고 갈 순 없다.

내가 그린 초상화 주인은
바로 그들이니까.

초상화를 그들에게 주고 나면
겉으로는 나에게
아무것도 남은 게 없어 보인다.
하지만 겉보기에만 그렇다.

예술은 신기하다.

사람들에게 그림을 나누어 주지만,
그리는 행위로 내 것을
만들었기 때문에 영원히 간직하게 된다.

무슨 말인지 이해가 될까?

2.길을 만들며_노마드 라이프

© 2024. Nika. All rights reserved
-키르기스스탄 사람들-

샤키르의 KF 문화마을 여행스케치_
04 샤브단 _ 츄이주

파란하늘 큰 유르트, 그리고 미소가 따뜻한 사람들이 있는 마을이다. 수도 비슈케크과 가까운 샤브단에서는 푸른 초장과 쉴만한 물가에서 노마드 음식을 먹으며 진정한 휴식에 취할 수 있다.

© 2024. Shakir. All rights reserved
-샤브단 마을-

2. 길을 만들며_노마드 라이프

село Шабдал, кеттн. 7.06.22

121

엄마의 나이는

홍윤이

우리는 말이 안 통했다. 오기 전에 간단한 러시아어라도 몇 문장 외웠어야 했는데, 여행 전에는 왜 그렇게 바쁜지 모르겠다. 하지만 어떨 땐 언어가 통하지 않는 것이 더 편하다. 말을 못하니 말을 걸 사람이 없어 내 시간이 많아진다.

유르트에서 낮잠을 한숨 자고 일어나, 산책하며 그림을 몇 장 그렸더니 할 일이 없었다. 부엌에서 연기가 나길래 그 앞을 얼쩡거리다가, 여사장님이 양동이를 들길래 무언가 재밌는 일이 있을 것 같아 따라나섰다. 그는 젖소에게 다가가 작은 의자에 비스듬히 걸터 앉았고, 나는 멀찍이 떨어져 쭈그려 앉아서 리듬감 있게 소젖 짜는 장면을 지켜봤다. 사장님은 소의 부르튼 젖에 연고를 발라주고 일을 마무리했다.

자신을 손으로 가리키며 'Mama(러시아어)'라고 한다. 한국말로는 '엄마'라고 한다고 대답했다. 멀리 있는 남편을 가리키며 'Papa(Папа 러시아어)'는 뭐냐고 한다. '아빠'라고 알려주니 재밌어 한다. 키르기스어로는 '아빠'가 엄마기 때문이다. 이어 내 나이를 물어본다. 숫자를 손가락으로 말하니 고개를 끄덕인다.

그의 나이 역시 나와 크게 차이 나지 않았다. 그렇지만 이미 많은 자식을 키우며, 그보다 많은 수의 소와 말을 키우는 사람이라면 나보다는 훨씬 어른이 아닐까 하는 생각이 들었다.

© 2024. Yuni. All rights reserved
-소젖짜기(송쿨)-

2.길을 만들며_노마드 라이프

© 2024.Yuni. All rights reserved
-유르타(송쿨)-

2.길을 만들며_노마드 라이프

© 2024. Shakir. All rights reserved
-유르트 앞에 개, 소(송쿨)-

우즈베키스탄으로 가버린 크므스

홍윤이

봄은 눈이 녹으면 시작된다. 눈 녹은 물을 가득 머금은 땅에서는 풀이 돋아난다. 새로 돋아난 풀을 먹은 말이 만들어낸 마유로 만든 것이 크므스(말젖을 발효시켜 만든 알코올 음료). 크므스를 마시면 장 청소가 된다고 한다. 한 두 잔 마시면 배에서 신호가 오기 시작하는데, 마시고 내보내고 마시고 내보내고 하면 몸에 쌓인 독소가 빠져나간다나? 내 생각에 아무래도 그 현상은 염증반응이 아닐까 싶다.

그래서 오히려 몸에 부담이 될 것 같지만, 이맘때가 되면 며칠씩 머물며 크므스를 마시고 건강을 찾으려는 사람들로 산이 북적인다고 한다. 송쿨에서 쉴 새 없이 크므스를 마시던 우리 운전기사 아나톨리는 산을 떠나는 것이 못내 아쉬웠던지 페트병 2개 가득 크므스를 담았다. 송쿨에서 몇 시간을 달려 카라수 마을에 도착하자마자, 아나톨리의 크므스 병은 민박집 옆 냇가에 고이 모셔졌다. 시원해지라고 음료를 냇가에 담가두는 건 전 세계 공통인 듯. 저녁 먹으러 모두 한자리에 모였는데 아나톨리의 얼굴이 어둡다. 냇가에 담가둔 크므스 병이 그만 떠내려가 버린 것이었다! 커다란 돌을 골라 잘 괴어 놓았는데 이게 무슨 일이람. 절망한 아나톨리를 위해 온 동네 사람들이 다 함께 병을 찾아 나섰지만 찾을 수 없었다.

우리가 이틀간 카라수에 머무는 동안 동네 사람들의 안부 인사는 '크므스는 찾았어요?'였다. 그 크므스는 정말 어디로 갔을까? 동네 개천은 나른(Naryn)강으로 흘러 들어가고 나른강은 우즈베키스탄까지 이어진다고 하니, 지금쯤 여권 없이 다른 나라에 도착해 어리둥절하고 있을지도 모르겠다.

2.길을 만들며_노마드 라이프

© 2024. Shakir. All rights reserved
-카라수 마을-

탈라스 버터, 무르다쉬 우유

홍윤이

탈디부락 민박집에서 먹은 버터는 이때까지 먹어본 버터와는 좀 달랐다. 아주 부드럽고 적당히 짭짤했으며 고소하고 진했다. 덕분에 여행지에서 이른 아침에 먹는 식사가 늘 곤욕스러운 나도, 그날 아침엔 버터를 먹기 위해 빵을 배터지게 먹어버렸다. 민박집 주인께 버터를 집에서 만드는지 물어보았더니, 약간 겸연쩍어하며 집에서 만든 건 아니란다.

하지만 이 버터는 지역 특산품으로 탈라스 외엔 수도 비슈케크에서도 살 수 없다고 한다. 지역 내 소비분을 제외하고는 모두 카자흐스탄으로 수출이 되기 때문이다. 우리나라에서 생산되는 최고급 김은 모두 일본으로 가는 것과 비슷하다. 그래서 버터를 살 목적으로 탈라스 지역을 찾아오는 사람도 있다는 이야기를 들으며 버터 바른 빵을 한 입 더 베어 물자 고개가 자연히 끄덕여졌다.

무르다쉬 마을에서는 이틀을 머물렀다. 둘째 날 아침에는 그동안 식탁에서 보지 못한 커다란 냄비가 나왔다. 냄비에는 거품이 가득했고, 나무 주걱이 담겨 있었다. 주인에게 이것이 뭐냐고 물으니 '뭐 이런 걸 묻느냐'는 표정을 하며 '우유'라고 한다. 그들에겐 너무 당연하겠지만, 나는 팩이나 병에 든 우유 외엔 먹어본 적이 없으니 이렇게 냄비에 든 거품 가득한 무언가가 우유라고는 상상을 못 한 것이다. 이건 집에서 키우는 소에서 직접 짰다고 한다. 유통과정을 거치지 않은 우유는 상품이 아닌 생명이란 느낌이 들었다. 따뜻하게 데운 우유는 고소하고 은은한 단맛이 돌아 입맛을 돋궈주었다.

© 2024. Shakir. All rights reserved
-무르다쉬의 산-

2. 길을 만들며_노마드 라이프

아저씨의 막내아들

홍윤이

봄과 가을 여행에선 일정이 맞지 않아 못 했던 '독수리 사냥' 체험을 마지막 겨울 여행에서 할 수 있었다. 독수리는… 정말 귀여웠다. 눈빛은 초롱초롱하고, 꼿꼿하게 선 자세가 품위가 있었다. 오른팔에 앉히니 꽤 무겁다. 한 팔로는 무거우니 두 팔로 꼭 안고 싶을 만큼 사랑스러웠다. 귀여워하면 안 되는 맹금류를 귀여워한다니, 그런 내가 갑자기 무서워지는 경험을 했다.

키르기스스탄에서 독수리 사냥은 가업이다. 보통 아버지가 아들에게 훈련 방법을 전수한다. 어릴 때 데리고 온 독수리는 20년 정도 함께 생활하다 다시 자연으로 돌려보낸다. 유목민들은 무기를 사용해 동물을 사냥하는 것보다 독수리로 사냥을 하는 것이 더 윤리적이라 여긴다. 시범을 보인 베르쿠치(매나 독수리를 부리는 사냥꾼) 아저씨에겐 딸 밖에 없어 독수리가 아들과 마찬가지란다.

그날은 독수리가 배가 불러 사냥에 흥미가 없었다. 연습용 가죽과 살아 있는 토끼를 보고도 천천히 걸어 다녔다. 이조차 귀여웠다! 아저씨는 나에게 무척 미안해했지만, 나로선 털이 부드러운 회색 토끼가 이날 죽지 않은 것이 무척 다행이었다.

2.길을 만들며_노마드 라이프

© 2024. SkyJoon. All rights reserved
-베르쿠치-

집이 부동산이 아닌 곳

홍윤이

초원 여행은 키르기스스탄이 처음은 아니었지만, 내가 갔던 곳을 초원이라고 부를 수 있을지 잘 모르겠다. 중국 내몽골 자치구에서 내가 했던 투어는 초원 투어가 아닌 초원 '맛' 투어라고 부르고 싶다. 바나나 '맛' 우유에 바나나가 안 들어가는 것처럼, 내가 방문했던 초원엔 초원을 터전으로 생활하는 유목민은 없었고, 관광객을 위한 숙박시설만 있었기 때문이다. 게르가 아니라, 게르의 형태만 갖춘 콘크리트 건물 안에 양변기와 샤워기가 있는 전용 화장실이 있는 숙소였다.

키르기스에는 그런 숙박시설을 찾기 어렵다. 관광이 활성화되지 않아서이기도 하겠지만, 그럴 필요를 못 찾았다는데 한 표를 주고 싶다. 키르기스의 유르트는 설치도 철거도 빠르고 간편했다. 우리는 이식쿨주에 있는 키질투 마을에서 유르트 만들기 체험을 할 수 있었다. 나는 3번 놀랐다. 제일 먼저, 우리가 짓는 것이 유르트 모형이 아닌 실제 사이즈라는 것. 두 번째로 처음부터 끝까지 우리가 다 지어야 한다는 것, 그리고 마지막으로 이 모든 것이 설명을 포함하여 1시간 안에 다 끝났다는 것에.

난 서울에 산 지 오래됐고, 이제는 집도 있어 이사 가지 않아도 되지만, 부동산 앱을 열어 종종 지금 사는 곳보다 넓은 평수의 아파트 시세를 알아본다. 그리고 따라갈 수 없는 속도로 올라가는 가격에 한숨 쉬곤 한다. 만약 내가 뿌리내린 곳이 초원이고, 철마다 이동해야 하는 삶을 산다면 어떨까 상상해 본다. 더 큰 평수, 더 좋은 집이 큰 의미가 있을까? 말을 타고 내가 달릴 수 있는 만큼의 초원이 다 내 집인걸.

2. 길을 만들며_노마드 라이프

137

엄마가 딸에게 알려주는 시간의 모자이크

홍윤이

계속 이동해야만 살아갈 수 있는 유목민은 최소한의 물건만 지니고 다닌다. '노마드 라이프'는 동시에 '미니멀 라이프'다. 그렇다고 해도 사람이 가진 아름다움을 추구하려는 욕망은 거스르기 힘들다. 예술품을 액자에 걸어놓고 감상하는 것은 사치일지라도, 실용품에 담는 건 용납되지 않을까? 세계문화유산으로 지정된 펠트 카펫 예술 '쉬르닥(шрдак)'은 그렇게 자연스럽게 키르기스인들의 삶에 녹아들었다.

우리는 나른 주의 아차카인디 마을에서 쉬르닥 체험을 했다. 두가지 색의 펠트를 겹쳐서 도안대로 자른 다음, 두 천의 배경과 문양을 맞바꾼다. 예를 들어 녹색과 회색 천을 겹쳐서 문양을 잘라내면, 녹색 문양과 회색 배경인 천과 반대로 회색 문양과 녹색 배경 천이 생기는 것이다. 그렇게 조각난 천을 실로 꿰매서 만드는 것이 쉬르닥의 기본 원리다. 이렇게 만들면 아름다운 문양을 만들고도 낭비되는 펠트가 없으며, 바느질로 내구성이 높아져 오래 쓸 수 있다. 쉬르닥에 새겨지는 문양은 지역과 만드는 사람에 따라 다르지만, 보통 키르기스스탄의 자연 풍경이나 유목민의 일상을 단순화해 만든다.

2. 길을 만들며_노마드 라이프

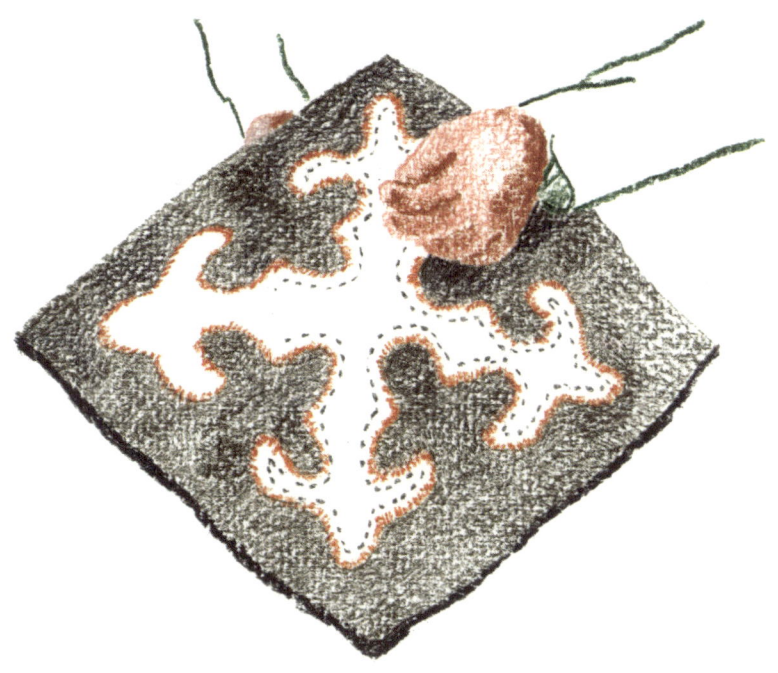

우리는 쉬르닥 제작 과정에서 아주 일부분만 체험을 할 수 있었다. 하나의 쉬르닥을 만들려면 양모 채취로 시작해서 염색과 펠트 만들기를 비롯해 고된 노동력이 많이 들어가는 여러 단계를 거친다. 쉬르닥은 유네스코에 등재된 세계문화유산이지만, 전통 수공예가 모두 그러하듯 실생활에서 사용하는 일은 점점 줄어들고 있다. 그나마 아직 나른과 이식쿨의 일부 마을에서 그 명맥을 간신히 이어오고 있다. 쉬르닥은 예로부터 엄마가 딸에게 제작법을 알음알음 알려주는 방식으로 만들어졌지만, 이제는 국가 차원에서 지원해 보존하려는 노력을 하지 않으면 안 된다. 그렇게라도 키르기스 만의 이야기를 카펫에 새기는 사람들이 남아 있었으면 좋겠다.

© 2024. Yuni. All rights reserved
-아차카인디 마을에서 쉬르닥 만들기-

© 2024. Yuni. All rights reserved
-카라수 마을에서 쉬르닥 만들어 판매하는 여성-

© 2024. Nika. All rights reserved
-쉬르닥(Shirdak) 만들기-

2.길을 만들며_노마드 라이프

쉬르닥으로 얻은 소울메이트

니카 차이콥스카야

이럴 수가. 내 불쌍한 손가락은 가위질은 고사하고 무거운 가위를 잡고 있을 만큼 튼튼하지도 않다.

마을 여인들이 우리에게 주려고 자르고 바느질한 다양한 색상의 멋진 펠트 조각을 흠집내지 않으려고 무척 애를 썼지만 따라하기가 쉽지 않다. 나는 당장 포기해 버렸지만 윤이는 꼬불꼬불한 길을 간신히 따라가며 모직물에 그려진 선을 완벽하게 자른다.

안 돼, 바느질은 안 돼! 마을에 있는 멋진 아주머니가 나에게 바늘을 주며 오려낸 다양한 색깔의 펠트를 어떻게 꿰매는지 보여준다. 나는 단 몇 땀도 제대로 바느질하지 못하는, 오냐오냐 자란 아이였던가? 아주머니는 웃음을 지었다. 세월의 흔적이 있는 아름다운 손은 마치 버터처럼 펠트로 된 모직물을 왔다 갔다 한다.

샤브단 마을에 있는 여자들은 셀 수도 없을 만큼 수많은 세대를 거쳐 펠트로 된 다양한 색상의 모직물로 쉬르닥을 만들어 왔다.

우리에게 몇 가지 비밀 기술을 보여주지만, 처음부터 끝까지 작업을 따라하는 것은 불가능한 일처럼 보인다. 우리는 그냥 원하는 만큼 쉬르닥 예술 작품을 구매하는 것으로 스스로를 위로한다. 쉬르닥은 카펫에서부터 옷, 심지어 장난감까지 다양한 용도로 사용된다. 샤브단 마을에서 산 슬리퍼는 눈 덮인 제주에서 키르기스스탄 모험을 그릴 때 내 발을 따뜻하게 해 줄 것이다.

또한, 샤브단에서 산 이 작고 귀여운 핸드메이드 양 조각은 언제나 나와 함께 있으면서 영원히 내 마음을 따뜻하게 해 줄 것이다

2.길을 만들며_노마드 라이프

© 2024. Nika. All rights reserved
-쉬르닥 공예품-

샤키르의 KF 문화마을 여행스케치_
06 아차카인디 _ 나른주

아차카인디의 아름다운 풍경은 동양의 알프스인 키르기스스탄을 잘 표현해준다. 이 문화마을에선 '쉬르닥'이라는 전통 공예체험을 하며 이 나라의 문화와 전통, 유목민의 생활 예술을 더 깊이 이해할 수 있다.

© 2024. Shakir. All rights reserved
-아차카인디 마을-

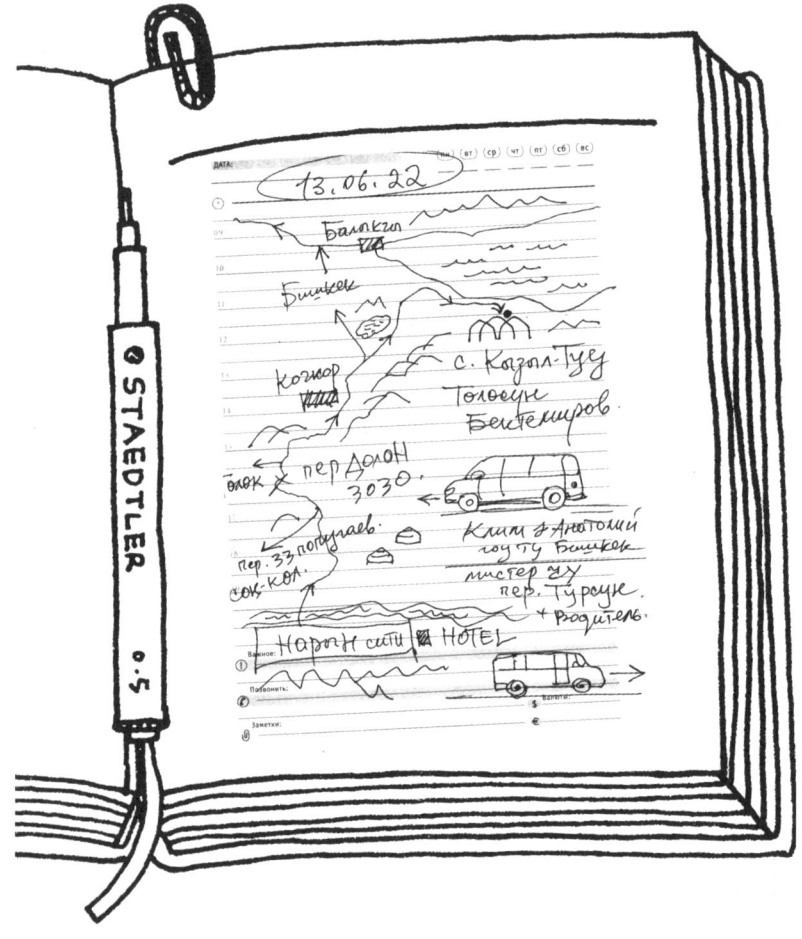

2. 길을 만들며_노마드 라이프

모험의 작은 기쁨, 따뜻한 사람들과의 만남

니카 차이콥스카야

키르기스스탄으로 떠난 우리에게 모험에서 가장 큰 즐거움은 새로운 사람을 만나는 것이었다. 가끔 어느 오후에 스케치하는 집은 우리가 전혀 모르는, 낯선 사람들의 집이다. 오랜 시간 동안 우리가 그들의 집 옆에서 무얼 하고 있으면 키르기스 사람들이 궁금해하며 수줍게 다가온다.

우리가 한 스케치를 유심히 보고는 집으로 초대 하고는 꼭 차를 내놓는다. 차를 내놓으면, '고맙지만 됐습니다'라고 하면 안된다. 마셔야 마음이 열리고 마음이 열려야 대화가 시작된다.

© 2024. Yuni. All rights reserved
-아크자(Ak-Zhar) 마을-

2.길을 만들며_노마드 라이프

키르기스스탄 사람들 대부분이 소련 학교에서 배운 러시아어를 매우 잘한다. 나는 한국어가 매우 서툴러 한국에서는 친구들을 만날 때 조용히 앉아 있는 편인데 여기는 다르다. 키르기스스탄에서 나는 끊임없이 러시아어로 말하고 그래서 기분이 좋다.

말이 통한다. 나는 질문을 하고 안주인의 훌륭한 요리 솜씨를 칭찬한다. 심지어 농담도 한다. 그들이 즐거웠기를 빈다!

© 2024. Nika. All rights reserved
-어떤 초대자(아크자 마을)-

© 2024. Shakir. All rights reserved
-아크자(Ak-Zhar) 마을-

2. 길을 만들며_노마드 라이프

© 2024. Nika. All rights reserved
-야크자(Ak-Zhar) 마을-

자두가 주렁주렁

홍윤이

가을에 키르기스스탄에 오니 지천에 자두다. 한국에서는 여름에 잠깐 나왔다가 들어가고, 그마저도 요즘은 너무 비싸서 자주 못 먹었던 터라 반가웠다. 이곳 자두는 이름은 같은 자두지만 한국에서 자주 먹는 과육이 단단하고 신맛이 강한 품종과는 조금 다르다. 껍질은 검정에 가까운 보랏빛이 돌고, 양손으로 가운데를 잡고 쪼개면 은행잎처럼 노란 속살이 나온다. 과육은 쫀득쫀득하고 신맛이 거의 없어, 내 배만 준비된다면 무한정 먹을 수 있을 것 같다.

칭기즈 아이트마토프(자밀랴, 굴리사리여 안녕!, 백년보다 긴 하루 등 많은 문학작품을 남긴 키르기스스탄의 국민 작가)의 고향, 쉐케르 마을 민박집에는 커다란 자두나무가 하나 있었다. 큰 자두나무에는 푸른 잎이 보이지 않을 만큼 많은 자두가 열렸다. 동네를 한 바퀴 도는데 자두나무가 없는 집이 없었고, 하나같이 주렁주렁이다. 민박집을 떠나는데 사장 내외분이 우리를 배웅하며 손에 검정 '비니루봉다리'를 하나 쥐여준다. 봉지엔 자두가 가득하다. '이걸 언제 다 먹지, 차에 굴러다니다가 버려지는 거 아닌가.' 걱정했지만 기우였다. 이동하는 길에 하나둘 꺼내 먹고, 식당에서 음식이 나올 동안 애피타이저로 먹었다. 우리 앞엔 씨앗이 계속 쌓인다.

2. 길을 만들며_노마드 라이프

© 2024. Yuni. All rights reserved
-자두-

쉐케르 마을을 떠나 우즈베키스탄과 접한 카쉬카수 마을에서는 직접 말린 자두를 대접받았다. 건자두는 부피가 작아 생자두보다 더 많이 먹게 된다. 카쉬카수 마을에 머물며 인근 이슬람 유적지 샤흐파질(Shakh Fazil)에 들렀는데 웬걸, 관광객은 없고 자두를 말리는 주민들만 있다. 샤흐파질은 일종의 무덤인데, 양지바른 곳을 잘 쓴 모양이다. 의미도 모르고 들르는 사람들로 북적이는 것보다는 지역주민이 잘 쓰는 게 더 낫다 싶기도 했다. 그렇게 말린 자두는 민박집을 떠날 때 선물로 받았다.

십 년, 이십 년 전에는 서울에도 단독주택이 많았고, 집마다 감나무가 한그루씩 있었다. 나무에 빨갛게 달린 감을 보면 가을이 깊어진 게 실감났다. 그 집들은 지금은 대부분 마당 대신 주차장을 둔 연립이나 다가구 주택 혹은 카페가 되었다. 집에서 딴 감을 얻어와서 창가에 놓고 익길 기다리곤 했는데 이제 그것도 드문 일이다. 키르기스스탄에선 부디 오래오래 자두나무가 그 자리를 지켜주길 바라는 것은 이기심일까?

153

수확한 파프리카를 모으고 있는 농부들도 만났다. 사진을 찍어도 되냐고 물어보니 흔쾌히 허락해 주는 건 물론, 가는 길에 먹으라며 색깔별로 파프리카를 챙겨주었다. 갓 수확한 파프리카는 아삭아삭하고 물기가 많고 달콤했다.

© 2024. Yuni. All rights reserved
-파프리카-

2. 길을 만들며_노마드 라이프

© 2024. Nika. All rights reserved
-파프리카-

키르기스스탄을 방문하고 돌아가는 사람의 가방을 열어보면 십중팔구는 꿀이 있다. 고원의 목초지에서 나는 허브 꿀은 품질이 우수해 선물용으로 좋다.

나도 산에서 난 하얀 꿀을 한 병 집으로 가져왔다.
집으로 돌아와 식탁에 앉아 꿀 병을 열면, 여행의 달콤함이 떠오르겠지.
한 스푼 듬뿍 떠 뜨거운 홍차에 넣고 젓는 상상으로도 몸이 따뜻해진다.

-양봉-

말을 타고 찾아가는 크즐베이트 마을

홍윤이

가을 여행에서 가장 기대했던 곳은 크즐베이트. 이곳은 차로도, 걸어서도 갈 수 없는 말 그대로 '고립된'이다. 크즐베이트로 가기 위해선 먼저 강을 건너야 한다. 강을 건너기 전에 크고 무거운 짐은 모두 차에 놔두고 들 수 있는 것만 보트에 싣는다. 건너편에서는 당나귀와 말이 대기하고 있다. 그 위에 몸을 싣고 산길을 11km 가면 마을이 나온다. 당나귀는 승차감이 좋지 않고 운행이 어려워 우리는 말을 타고 들어갔다. 그마저도 평지가 아니라, 말을 타본 적이 없는 사람은 말을 타고 들어가는 것도 만만치 않을 것이다.

마을엔 전기가 따로 들어오지 않는다. 태양열 전지를 사용해 최소한의 전기를 쓸 수 있지만, 냉장고와 세탁기가 없다. 인터넷도 안 된다기에 맘을 단단히 먹고 갔는데, 놀랍게도 민박집 가족 모두 핸드폰이 있었다. 인터넷이 되긴 되지만 카카오톡 메시지를 하나 보내는 데 1분은 걸리는 것 같으니 한국인에게 안 되는 거나 마찬가지다.

그런 약한 인터넷 신호로 국제 뉴스를 다 훑고 있는 민박집 사장 할아버지는 나에게 한국의 경제 발전이 대단하다는 이야기와 함께 한국의 전 대통령은 모두 감옥에 가지 않았느냐는 이야기를 했다. 물론 샤키르의 러시아어와 니카의 영어를 통해 내게 전달되긴 했지만.

당나귀와 말이 주요 교통, 운송 수단이었던 예전엔 이 곳도 꽤 번성했지만 지금은 잊힌 마을이 되고 말았다. 그런데도 아직 이곳에 사람이 사는 이유가 궁금했다. 그 이유를 겨우 하루 방문하는 나같은 여행자가 알 수 있을거란 기대는 애초에 하지 않았다. 그런 질문을 하는 것도 무례하거니와, 무례를 무릅쓰고 물어본다고 하더라도 '그냥 사니까 사는 거'란 이야기를 듣지 않을까. 그렇지만 밤이 되어 해가 사라져도 전혀 춥지 않고 찻잔 위로 지나가는 바람이 부드럽고 따뜻한 집에서 하룻밤을 보내니, 이런 곳이라면 누구라도 떠나기 쉽지 않겠다는 생각이 들었다.

© 2024. Yuni. All rights reserved
-크즐베이트 숙소-

2. 길을 만들며_노마드 라이프

© 2024. Yuni. All rights reserved
-크즐베이트 숙소-

오지마을의 어느 부부

니카 차이콥스카야

크즐베이트라는 아주 외딴 마을에서 톡타윰과 남편 테미르벡을 만난다. 그 마을은 가파른 숲길을 따라 오로지 작은 나룻배와 기다란 당나귀를 타야지만 들어 갈 수 있다. 언덕 위에 집이 있고 테미르벡이 키우는 당나귀, 소, 말, 닭은 같은 언덕 아래에서 산다. 주인이 하는 일을 보려고 닭들이 가장 가까운 나무로 날아오른다.

우리는 차를 마신다. 테미르벡과 샤키르가 세상일에 대해 조용히 얘기한다. 다루기 힘든 당나귀를 타고 제법 오래 크즐베이트까지 오니 나는 갑자기 말수가 줄어들었다. 남아있는 힘을 짜내어 앉아서 테미르벡이 하는 말을 듣는다. 윤이는 톡타윰의 야외 주방에서 스케치하고 있다.

© 2024. Nika. All rights reserved
-크즐베이트 마을에서 만난 부부-

2.길을 만들며_노마드 라이프

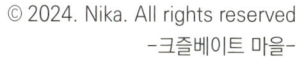

-크즐베이트 마을-

일어나서 윤이의 멋진 작품을 보러 가고 싶지만 포근하고 알록달록한 쿠션 위가 너무도 편안하다. 닭들과 나는 그저 듣고 본다. 내일 스케치를 해야겠다.

"크즐베이트 마을은 우리가 머물렀던 마을 중 최고로 멋져."
잠이 들기 전 혼자 생각한다. 하지만 사실 우리가 보고 머문 모든 집이 비슷하게 느껴진다. 왜냐하면 키르기스스탄에서 아름다움은 사실 사방에 있다.

러시아 예술가들은 이렇게 말한다.
"마음껏 볼 수 없다면, 무언가를 마음껏 볼 수 없고, 무언가를 마음껏 감탄할 수 없다면 얼른 그림을 그려라." 아마도 키르기스스탄에서 본 모든 걸 그릴 때, 마침내 마음껏 보게 되겠지!

-크즐베이트 마을-

2. 길을 만들며_노마드 라이프

© 2024. Shakir. All rights reserved
-아크자(Ak-Zhar) 마을-

© 2024. Shakir. All rights reserved
-크즐베이트 집-

샤키르의 KF 문화마을 여행스케치_
07 크즐베이트 _ 잘랄아바드주

크즐베이트는(Kyzyul-Beit)는 오지의 외딴 마을이지만 때 묻지 않은 아름다움을 간직하고 있다. 마을이 산 위의 깊은 숲에 있고 집마다 농장에는 많은 동물들이 함께 살고 있다.

© 2024. Shakir. All rights reserved
-크즐베이트 마을-

2.길을 만들며_노마드 라이프

구구단은 모르는 녀석이라도 말은 탈 줄 알거야.

홍윤이

키르기스를 여행하는데 말이 꼭 필요한 건 아니지만, 말을 탈 수 있으면 여행 범위가 넓어진다. 아직 도로가 정비되지 않은 곳이 많아, 차로는 갈 수 없는 곳도 말은 갈 수 있기 때문이다. 땅이 질고, 물로 가로막혀 도보로는 가기 힘든 곳도 말을 타면 쉽게 갈 수 있다.

우리는 제티오구스와 타슈 라바트에서는 말을 타고 더 깊은 곳으로 들어가 쉽게 보기 힘든 풍광을 즐길 수 있었다. 키르기스 사람들에게 말은 자동차보다 익숙한 이동수단이다.

2.길을 만들며_노마드 라이프

그래서 학교에 들어가기 전부터 승마를 배운다. 내 키 절반만 한 어린이들이 말을 타고 달리는 모습은 아무리 봐도 낯설다. 그런 아이들에게 얕잡아 보이고 싶지 않아 멋있게 말 위에 올라타고 싶지만, 몸은 내 말을 안 들으니 결국 꼬맹이들에게 웃음거리가 되고 만다.

© 2024. Yuni. All rights reserved
-말타기-

2.길을 만들며_노마드 라이프

© 2024. Shakir. All rights reserved
-말타기-

2.길을 만들며_노마드 라이프

왜 결혼식에선 눈물이 나는지

홍윤이

카라수 마을에선 키르기스 전통 결혼식에 초대됐다. 안타깝게도 진짜 결혼식은 아니라 관광객을 위해 재연된 행사였다. 키르기즈 프렌즈(KF)가 코이카 사업으로 추진한 문화관광개발 사업으로 만든 프로그램이다. 규모는 크지 않았지만, 악단도 있는 제법 모양새를 갖춘 결혼식이었다.

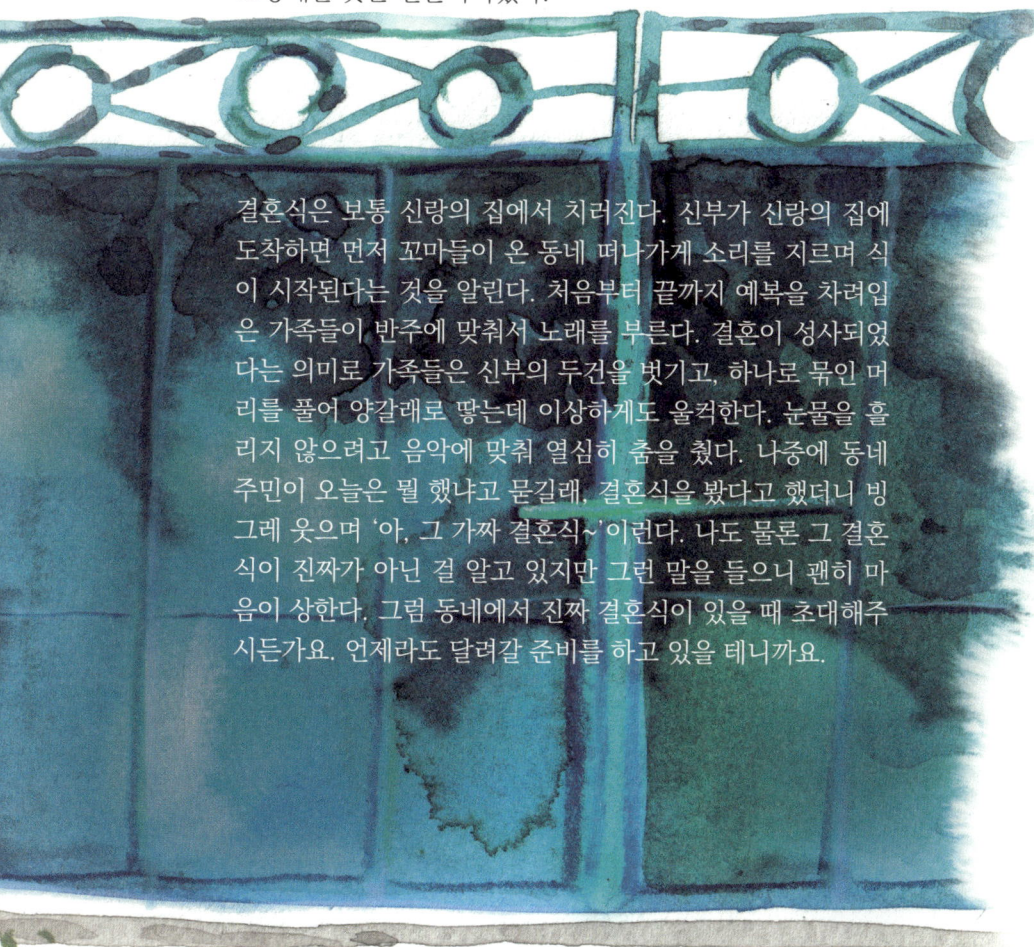

결혼식은 보통 신랑의 집에서 치러진다. 신부가 신랑의 집에 도착하면 먼저 꼬마들이 온 동네 떠나가게 소리를 지르며 식이 시작된다는 것을 알린다. 처음부터 끝까지 예복을 차려입은 가족들이 반주에 맞춰서 노래를 부른다. 결혼이 성사되었다는 의미로 가족들은 신부의 두건을 벗기고, 하나로 묶인 머리를 풀어 양갈래로 땋는데 이상하게도 울컥한다. 눈물을 흘리지 않으려고 음악에 맞춰 열심히 춤을 췄다. 나중에 동네 주민이 오늘은 뭘 했냐고 묻길래, 결혼식을 봤다고 했더니 빙그레 웃으며 '아, 그 가짜 결혼식~'이런다. 나도 물론 그 결혼식이 진짜가 아닌 걸 알고 있지만 그런 말을 들으니 괜히 마음이 상한다. 그럼 동네에서 진짜 결혼식이 있을 때 초대해주시든가요. 언제라도 달려갈 준비를 하고 있을 테니까요.

© 2024. Nika. All rights reserved
-신랑, 신부 입장-

샤키르의 KF 문화마을 여행스케치_
08 카라수 _ 나른주

카라수마을로 향하는 길은 아름다운 절경의 연속이다. 여행은 사람과 자연이 공존하는 길위에 서 있는 것이다. 우리는 길위에서 많은 것을 깨달았다. 카라수마을에서는 키르기스스탄의 전통결혼식을 보며 이곳 사람들의 전통과 문화를 체험할 수 있다.

© 2024. Shakir. All rights reserved
-카라수 마을-

2.길을 만들며_노마드 라이프

키르기스스탄의 다음 세대 바라보기

니카 차이콥스카야

키르기스스탄에는 놀랄 만큼 아이들이 많다!
나는 어느 날 이 사실을
한 마을에 있는 특별히 긴 거리를 지나가다가 알아차렸다.
그 거리는 끝이 없어 보인다.

2.길을 만들며_노마드 라이프

사람들이 사는 개인 주택의 마당과 정원 문은
모두 색깔이 다르고 다양한 장식을 뽐낸다.
같은 문을 가진 집이 하나도 없다.
아이와 가족은 어디에나 많다.
많은 아이를 뒤에 데리고 다니는 엄마와 아빠들이 있다.
아기를 안고 있는 할아버지들과 할머니들이 있고,
어린 동생 손을 잡고 있는 큰 아이들도 있다.

2. 길을 만들며_노마드 라이프

삶이란 어떤 모습인지를 보여주는 느낌이 든다.
키르기스스탄은 생명력으로 가득하고
밝은 미래를 품은 곳이다!

© 2024. Nika. All rights reserved
-마을의 아이들-

2.길을 만들며_노마드 라이프

189

theme 3.
살아가는 사람들
: 키르기스스탄의 전통과 문화, 역사

총투스 소금광산

샤키르 아리코브

총투스 소금광산은 비슈케크에서 약 220km 떨어진 코치코르 인근 마을 총투스에 구소련 시기에 개발되었다.
총투스 소금광산에서 생산되는 소금에는 요오드를 비롯해 17개의 다양한 성분이 포함되어 있어 치유 목적으로 이곳을 찾는 관광객들도 많다. 관광객들은 광산 아래 게스트하우스에서 묵으며 광산을 찾아 명상실에 머물고 소금도 구입하고 있다.

© 2024. Shakir. All rights reserved
-총투스 소금광산-

3. 살아가는 사람들_키르기스스탄의 전통과 문화, 역사

칭기스 아이트마토프 고향마을, 쉐케르

니카 차이콥스카야

여행 중 쉐케르라 불리는 작은 마을에 들린다. 세상에서 가장 유명한 키르기스스탄 사람이 한때 그곳에 살았고 이 마을을 그의 조국이라 불렀다. 바로 작가 칭기즈 아이트마토프로 소비에트 러시아에서 매우 유명했다. 어렸을 때 그 작가의 책을 즐겨 읽었지만, 독자들이 보통 그렇듯, 작가에 대해서는 그다지 생각을 많이 하지 않았다.

어디 출신이었지? 유년 시절은 어땠을까? 말하기 부끄럽지만, 이전에는 그런 질문이 떠오른 적이 없다. 그가 유년 시절에 지냈던 마을에 내가 있다니 흥미로운 경험이다.

3. 살아가는 사람들_키르기스스탄의 전통과 문화, 역사

그가 쓴 책 대부분이 현지 장면을 배경으로 했기 때문에 다시 한번 시간을 거슬러 올라가는 것 같다. 그리고 이 익숙한 광경들이 쉐케르 마을 주변에 온전히 그대로 남아있다. 마을 남자아이들은 종종 칭기즈라고 불리고 대다수 아이가 커서 작가가 되기를 꿈꾼다. 아이들에게, 아이트마토프는 전설이자 배워야 할 훌륭한 본보기다.

© 2024. Nika. All rights reserved
-쉐케르 마을에서 만난 칭키스-

샤키르의 문화마을 여행스케치_
09 쉐케르 마을 _ 탈라스

칭기스 아이트파토프 고향마을인 탈라스 지역의 쉐케르 마을은 많은 나무와 먼 산을 조망 할 수 있는 큰 평야 한가운데 있다. 완두콩을 재배하는 마을 주변에 넓은 들판이 인상적이다.

© 2024. Shakir. All rights reserved
-쉐케르 마을-

3. 살아가는 사람들_키르기스스탄의 전통과 문화, 역사

키르기스스탄의 여왕, 쿠르만잔 다트카

니카 차이콥스카야

쿠르만잔 다트카(1811-1907)는 역사적 인물이자 전설이다. 키르기스스탄의 여왕이자 남부의 여왕이었다. 그녀의 삶은 한 영웅의 일대기로 손색이 없다. 그녀는 지혜와 내면의 힘을 보여주는 본보기이며 나와 대화를 나눴던 많은 키르기스스탄 여성이 그녀를 매우 존경한다.

그들은 쿠르만잔 다트카를 위대한 할머니라 부른다. 실제로 키르기스스탄 사람들의 할머니였고 사람들을 단결시키고 목숨을 구해주었으며 키르기스스탄 사람들의 생존과 번영을 보장해 주었기 때문이다.

쿠르만잔 다트카의 이야기는 믿을 수 없을 정도로 슬프다. 긴 생애 동안 수도 없이 마음이 아팠을 것이다. 인생에 일어났던 그 많은 사건과 희생을 생각하면 눈물을 흘리지 않을 수 없다. 카라수 마을 출신의 엘미라는 나에게 오늘날 키르기스스탄에서 태어난 모든 아이가 쿠르만잔 덕분에 이곳에 존재하는 것이라 말한다.

위대한 할머니, 감사합니다!

© 2024. Nika. All rights reserved
-쿠르만잔 다트카-

3. 살아가는 사람들_키르기스스탄의 전통과 문화, 역사

니카, 차이-코프스카야

홍윤이

'우리 집에 와서 차 한잔하고 가라.'는 말은 키르기스를 여행하며 종종 듣는 말이다. '언제 밥 한 번 먹자.'처럼 인사치레가 아니라, 진심으로 청하는 말이다. 키르기스인들은 손님은 하늘에서 주신 선물이라고 여기고 접대에 정성을 다한다. 아무리 허름한 시골집이라도, 초원의 유르트라도 손님을 위한 찻주전자는 언제나 준비되어 있다.

손님은 가장 안쪽의 상석에 앉아야 한다. 아무데나 앉으면 어떤가 싶지만, 입구 쪽 말석에 앉은 사람이 차를 따라야 하므로 권하는 대로 앉는 것이 편하다. 키르기스 사람은 차를 작은 밥공기만 한 잔에 반 정도만 따라서 대접한다. 언제나 따뜻한 상태로 마시라는 배려라고 한다.

3. 살아가는 사람들_키르기스스탄의 전통과 문화, 역사

만약에 키르기스에서 가득 찬 찻잔을 받는다면 '빨리 마시고 가라.'는 뜻이라고. 반쯤 따라진 차는 금세 비워지니, 주인은 손님과 대화하면서 동시에 매의 눈으로 잔을 살핀다. 빈 잔을 발견하면 한 손을 내밀어 '차이(차)?'라고 묻는다. 마시고 싶은 만큼 받아서 마시고, 더 이상 마실 수 없을 때는 손으로 찻잔을 살짝 덮고 괜찮다는 표시를 하면 된다.

대접하는 이 없이 우리 일행끼리 있을 때도 '차이?'가 자연스레 나왔다. 니카의 잔이 비었다. 니카의 성까지 붙여 장난을 친다. '니카, 차이~코프스카야?' 유치한 것도 재미있게 받아들여지는 것이 여행이다.

© 2024. Skyjoon. All rights reserved
-아크자(Ak-Zhar) 마을-

햇빛을 담은 유르트안 차이 잔

니카 차이콥스카야

가는 곳마다 차를
아주 많이 마실 것이다.

이 곳 키르기스스탄이라면.

그 큰 유르트에서
차를 마시며
처음으로 나는
햇빛을 마시고 있는
기분을 느낄 수 있었다.

3. 살아가는 사람들_키르기스스탄의 전통과 문화, 역사

© 2024. Nika. All rights reserved
-차이 잔-

실크로드에서 살아남은 맛

홍윤이

중국부터 로마까지 이르는 동·서양 육로 교역로를 실크로드(비단길)라고 한다. 키르기스스탄은 그 길에 있었다. 비단만 왔다 갔을 리 없다. 각종 문화가 오가는 중심에 있던 키르기스스탄에서 음식 문화가 발달한 건 자연스러운 일이다. 그리고 동·서양 음식의 각축전에서 살아남은 음식이라면 맛있을 수 밖에 없지 않겠는가?

베시파르막은 '다섯 손가락'이라는 뜻으로 말고기를 넣은 면 요리다. 중앙아시아 유목민들은 음식을 손으로 먹었다. 다른 음식도 손으로 먹는 건 마찬가지지만, 면은 손가락 두 세개로 먹기 힘들었을테니 음식 이름이 '다섯 손가락'이 되지 않았을까? 예전엔 초원에 밀가루가 귀해 면보다 말고기가 많이 들어갔는데, 언제가부터 말고기와 면의 비율이 역전되었단다. 베시파르막은 손님이 오면 대접하는 대표적인 요리인데, 당신이 정말 귀한 손님이라면 말고기가 훨씬 많은 접시를 받을 수 있지 않을까?

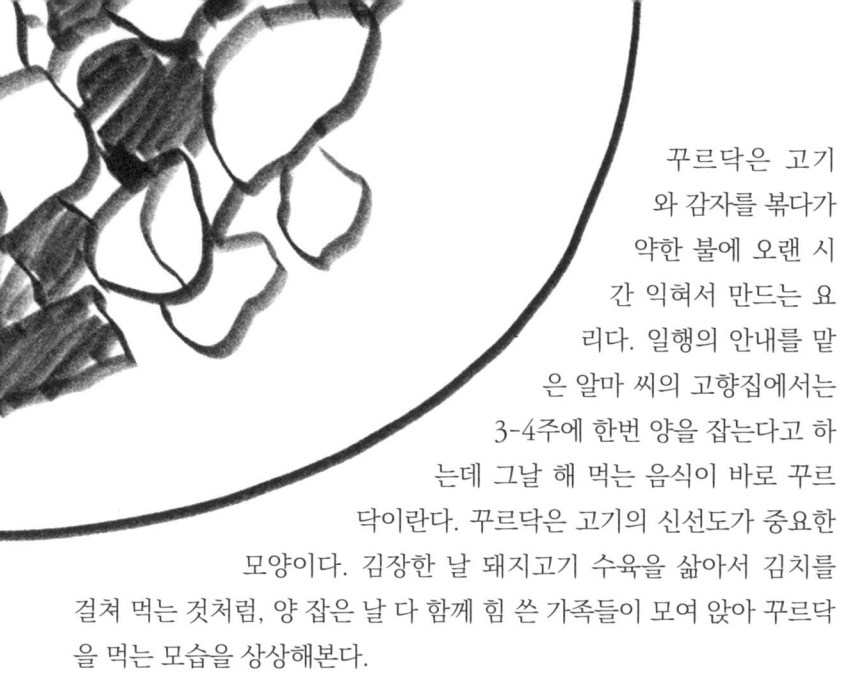

꾸르닥은 고기와 감자를 볶다가 약한 불에 오랜 시간 익혀서 만드는 요리다. 일행의 안내를 맡은 알마 씨의 고향집에서는 3-4주에 한번 양을 잡는다고 하는데 그날 해 먹는 음식이 바로 꾸르닥이란다. 꾸르닥은 고기의 신선도가 중요한 모양이다. 김장한 날 돼지고기 수육을 삶아서 김치를 걸쳐 먹는 것처럼, 양 잡은 날 다 함께 힘 쓴 가족들이 모여 앉아 꾸르닥을 먹는 모습을 상상해본다.

샤슬릭도 몇 번 먹었다. 유목민의 주식은 고기와 유제품이었고, 그 문화가 지금까지 이어져 온다. 샤슬릭은 중앙아시아 전역과 러시아, 튀르키예에서도 흔히 먹는 꼬치구이로, 주문하면 아기 주먹만큼 큼직한 고깃덩어리가 긴 쇠꼬챙이에 꽂힌 채로 생양파와 함께 나온다. 키르기스스탄에서는 주로 샤슬릭으로 양고기를 먹는데, 낯선 냄새 때문에 양고기를 즐기지 않던 나도 반할 만큼, 이곳의 양고기는 신선하고 맛있다.

© 2024. Yuni. All rights reserved
-노마드 음식-

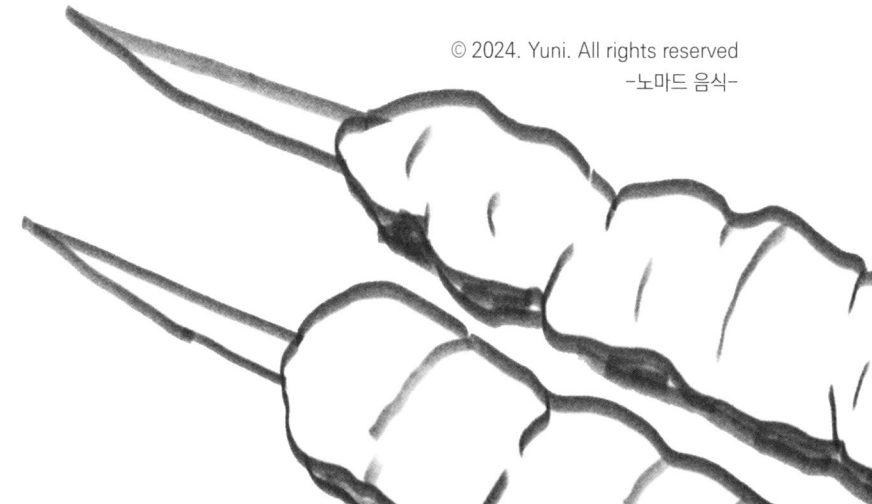

삼사는 고기파이의 일종으로 페이스트리 속에 다진 고기와 양파를 넣어서 만든다. 키르기스스탄의 남부 지역에서 흔히 먹는 음식으로, 오쉬와 잘랄아바트 지역에선 길에서 화덕에 굽는 삼사 냄새를 종종 맡을 수 있다. 오쉬의 삼사는 다른 지역과 달리 삼사 안에 수프가 들어있다. 삼사를 뒤집어 중심을 잘 잡은 다음 칼로 페이스트리를 살살 도려낸다. 그렇게 뚜껑을 들어내고 수프와 건더기를 스푼으로 떠먹으면 된다. 지난밤에 술은 안 마셨더라도, 저절로 해장이 되는 기분이 들게 해주는 진한 국물이 별미다.

라그만은 면에 고기와 야채를 넣어 볶아 만든다. 라그만은 점심메뉴로 적당해 우리는 보소 라그만(국물 없는 볶음면)과 규로 라그만(국물이 자작한 볶음면)을 번갈아가면서 먹었다. 라그만의 면은 손으로 굴려 밀어서 만들기 때문에 두께가 일정하지 않다. 그래서 키르기스스탄에선 누가 요리를 잘 하는지 못 하는지, 라그만 면으로 알아보기도 한단다. 라그만 면을 끊어지지 않게 하나로 뽑아내면 고수로 인정!

3. 살아가는 사람들_키르기스스탄의 전통과 문화, 역사

© 2024. Shakir. All rights reserved

없는 것도 다 있는 시장

홍윤이

비슈케크에 있는 오쉬시장은 그야말로 '없는 것도 다 있는 시장'이다. 나는 새로운 곳에 가면 시장은 가능하면 꼭 방문하려고 한다. 현지인들이 먹고 사는 방법을 살피는 것도 재미있지만, 내가 시장 방문을 좋아하는 숨은 이유는 오랜 시간 시장 근처에서 살았기 때문이다.

알록달록한 천막 틈새를 비집고 들어오는 햇빛과 생선을 다듬고 뿌린 물로 젖은 바닥, 어디선가 나는 고소한 기름냄새는 순식간에 내가 어린 시절 살았던 온천시장으로 데리고 가 준다.

지난 여행에선 말이 안 통해서 원하는 물건을 손가락으로 가리키고 두 손으로 배구공을 만들어서 배구공 크기만큼 말린 살구를 사고, 손으로 핸드볼 공을 만들어서 호두를 샀다.

이번에는 한국어를 잘 하는 알마 씨의 도움으로 정확히 무게를 달고 어디서 난 호두인지, 어떻게 말린 살구인지까지 알게 되었다. 어쨌든 이렇게 사나 저렇게 사나 살구는 쫀득하고, 호두는 고소했다.

© 2024. Yuni. All rights reserved
-오쉬 시장 가판대-

3. 살아가는 사람들_키르기스스탄의 전통과 문화, 역사

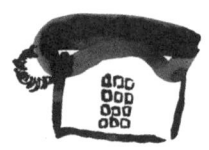

오쉬시장 근처에는 주말에 벼룩시장도 열린다. 주말엔 온 동네 사람들이 온갖 세간살이를 다 들고 나오는 모양이다. 더러 판매하다가 가지고 온 물건도 있어 보이지만, 대개는 집에서 굴러다니던 잡동사니다. 냄비는 없는 냄비 뚜껑과 목 날아간 인형, 지난 세기에 쓰던 전화기… 10솜을 내면 체중을 달 수 있는 체중계도 종종 눈에 보인다. 이런 걸 누가 살까 싶었는데 그 누가 바로 나였다.

오래된 우표와 빈티지 배지를 사려다 꾹 참고, 원석이 박힌 투박한 반지 하나를 사서 돌아간다. 택시 타고 가는 길에 못 산 물건이 눈에 밟혀 혼났다. 그 유명한 베를린 벼룩시장보다 더 벼룩시장다웠던 비슈케크 벼룩시장. 다음 주말엔 우리 동네에 서면 좋을 텐데.

3. 살아가는 사람들_키르기스스탄의 전통과 문화, 역사

© 2024. Yuni. All rights reserved
-오쉬 시장-

비슈케크의 문화 공간

홍윤이

비슈케크는 다른 여행지에 가기 위해 잠깐 들르는 곳이 될 때가 많다. 하지만 시간을 잠깐 내서 비슈케크 시민들처럼 여가를 보내보는 것도 좋을 것 같다.

구소련 국가였던 키르기스스탄은 여흥으로 발레 감상을 하는 것이 흔한 일이었다. 러시아 문화권이라 클래식 공연의 수준도 높다. 러시아에서 유명 발레단이 올 때는 가격이 달라지지만, 한화 17,000원(2022년 하반기 기준)가량이면 VIP석에서 발레를 감상할 수 있다.

비슈케크 국립 오페라·발레 극장의 화려하고 웅장한 건물 외부와 인테리어를 볼 수 있는 건 덤이다. 극장 내부는 대부분이 100년 전 지은 당시 그대로인 듯해, 로비에서 외투를 맡기는 순간 잠깐 시간여행을 하는 기분을 느낄 수 있다.

알라토 광장 맞은편, 커다란 키르기스스탄 국기가 걸려 있고 수비대 2명이 그 앞을 지키고 있다. 그 뒤에 보이는 건물이 무슨 건물일까 궁금했다. 의회일까? 정부청사? 정답은 박물관이었다. 키르기스 국립 역사 박물관 1층부터 3층까지 시간의 흐름을 따라 유물이 전시돼 있다. 그중 2층에는 재현해 둔 유르트부터 유목민의 생활을 짐작할 수 있는 유물이 많아, 관광객이 가장 관심을 두고 살펴볼 것 같다. 박물관 전체에 많은 이들의 열정과 노력이 느껴졌다.

3. 살아가는 사람들_키르기스스탄의 전통과 문화, 역사

기대가 없었던 만큼 만족이 컸던 곳은 바로 키르기스 국립미술관이다. 미술관은 앞서 언급한 곳들과 마찬가지로 알라토 광장 인근에 모여 있어 접근성이 좋다. 제 1세계를 중심으로 형성된 미술시장에서 현재 키르기스의 미술은 설 자리가 없지만, 소비에트 연합에 소속된 1930년대에는 좀 달랐던 것 같다.

러시아를 통해 들어온 서구의 미술 기법이 전원의 풍경과 만나니 익숙하면서도 매우 새롭다. 일제 강점기 한국 작품들과 비교하면, 당시의 미술계는 그들이 캔버스에 그린 말 만큼 윤기 있고 살찐 것처럼 느껴졌다.

미술관의 조명과 시설은 아쉬운 부분이 있지만, 유화 작품은 자체로 빛나고 있으니 꼭 들러보길 권한다. 특히 미술관이 이름을 딴 작가, 가파 에이티프(Gapar Aitiev)의 작품은 눈여겨보길.

낙타를 타고 온 실크로드의 여행자

홍윤이

유목민족이 지내온 땅에 유적지가 남아 있는 경우는 별로 없다. 드물게 남아 있는 유적이 조금 있지만, 타슈 라바트(Таш Рабат)처럼 잘 보존된 예는 거의 찾기 어려울 듯하다. 타슈 라바트는 15세기 유적으로, 실크로드 여행자를 위해 숙박과 식사를 제공하는 일종의 여관이었다. 카라수 마을에서 출발해 타슈 라바트로 들어오는 길엔 협곡이 이어지는데, 세 번의 키르기스 여행 중에서도 손에 꼽을 정도의 장관이었다.
그렇게 협곡을 거쳐 들어오면 넓은 평원이 펼쳐져 있고, 거기에 덩그러니 타슈 라바트를 마주할 수 있다. 현재 타슈 라바트의 풍경은 중세와 크게 다르지 않다. 주변에는 숙박시설로 운영하는 유르트 캠프도 있지만, 현지인들이 목축을 위해 유르트를 짓고 있는 모습도 볼 수 있다.

타슈 라바트는 문이 닫혀 있다. 하지만 차에서 내려 그 앞을 서성이고 있으면, 어디서 누군가가 열쇠를 들고 나타난다. 키르기스스탄엔 이런 곳이 많다. 상시로 운영하기엔 방문객이 적어, 관람객이 와야 문을 여는 곳이 많다. 당연히 매표소도 따로 없다.
프린터로 출력한 티켓을 삐뚤빼뚤 잘라 하나씩 나눠준다. 검사하는 사람도 없어 큰 의미는 없지만 티켓을 받아 들고 입장을 했다.

타슈 라바트에는 총 31개의 방이 있는데 모든 방에 직접 들어갈 수 있다. 내부엔 어떤 조명도 인공적인 장치도 없다. 천장에 난 작은 창으로 들어오는 빛이 유일한 조명이니, 비 오는 날이나 흐린 날엔 관람이 힘들 것 같았다. 하지만 아무것도 없어 상상의 날개를 끝없이 펼친다. '이 벽에는 쉬르닥이 걸려 있었을까? 바닥에는 카펫이 깔려 있었겠지? 여럿이 누우면 비좁진 않았을까?' 맘만 먹으면 잠시 낙타를 타고 온 실크로드의 여행자가 될 수 있다.

© 2024. Yuni. All rights reserved
-타슈 라바트-

© 2024. Shakir. All rights reserved
-타슈 라바트-

옛것과 새것의 아름다운 공존

니카 차이콥스카야

키르기스스탄에는 옛것과 새것이 보기 좋게 공존한다. 마나스의 서사시는 지금도 공연되고 있다. 온 가족이 즐겁게 고대 유적지를 방문하고 젊은이는 전통을 보존하고 소중히 여긴다.

3. 살아가는 사람들_키르기스스탄의 전통과 문화, 역사

키르기스스탄에는 과거, 현재, 미래가 동시에 살고 있다. 어느 날, 누르란벡 할아버지를 만난다. 할아버지는 타슈 라바트 입구에 있는 작은 돌 벤치에 혼자 앉아 지나가는 사람들을 보고 있다. 타슈 라바트 요새를 지을 때도 그 자리에 있었던 것처럼. 그에게 다가가 사진을 찍어도 되는지 묻는다. 할아버지는 젊은 아내와 어린 딸을 부른다. 다 함께 셀카를 찍은 후, 할아버지가 말한다.

"잊지 말고 왓츠앱으로 보내줘!"

© 2024. Nika. All rights reserved
-타슈 라바트-

3. 살아가는 사람들_키르기스스탄의 전통과 문화, 역사

실크로드의 흔적을 찾아

샤키르 아리코브

1000여년 전 세워진 타슈 라바트는 해발 3,000미터에 있는 중앙아시아의 몇개 남아 있지 않은 실크로드의 유적지이다. 이곳은 실크로드를 오가던 대상들의 고급 숙소인 '카라반사라이'로 침실, 목욕탕, 회의당, 감옥, 가축병원, 외부 탈출로가 있었다. 카라반사라이는 대개 대상들의 하루 이동거리인 20~40km 사이에 한 개 정도씩 있었다고 한다.

© 2024. Shakir. All rights reserved
-타슈 라바트-

3. 살아가는 사람들_키르기스스탄의 전통과 문화, 역사

이슬람의 성지, 샤흐파질

샤키르 아리코브

잘랄아바드 주 사페드 불렌드에 있는 샤흐파질(Shakh Fazil)은 이슬람교의 성지로서 매년 대규모 순례 행렬이 펼쳐진다. 학자들은 샤흐파질을 1050년에서 1060년 사이에 지어진 주요 카라카니드의 무덤으로 보고있다.

© 2024. Shakir. All rights reserved
-샤흐파질-

3. 살아가는 사람들_키르기스스탄의 전통과 문화, 역사

세계에서 가장 긴 서사시, 마나스

니카 차이콥스카야

세계에서 가장 긴 서사시인 '마나스'는 키르기스의 건국영웅 마나스 3대의 역사를 모은 구전 역사서라고 할 수 있다.

여러분이 만약 진심으로 고대 전설과 신화를 찾고자 한다면, 키르기스스탄이야말로 바로 그곳이다. 키르기스스탄의 신화와 그 서사시 마나스를 제대로 말하려면 여기 단 몇 줄로는 부족하다. '반지의 제왕'과 '왕좌의 게임'을 생각해 보자. 마나스 이야기는 분명 그 두 서사보다 길고 훌륭하다.

칼레발라나 길가메시처럼 세계적으로 유명한 서사시 중에서도 눈에 띄는 문학적 경이로움이 담겨 있다. 무엇보다도 마나스치(마나스를 읊는 사람)의 특별한 예술혼이 문자가 없어도 이 훌륭한 서사시를 지금까지 이어져 올 수 있도록 했다. 지금도 교육을 받은 학자들과 훈련받은 마나스치들이 군중의 규모와 관계없이 문장들을 암송하여 아름답게 선보이고 있다.

마나스는 믿기 힘들 만큼 영웅적이고 용감한 행동과 모험으로 가득 차 있어 최고의 액션 영화조차 부끄럽게 만든다. 찾아서 읽어보는 것을 추천한다. 이미 읽었다면, 다시 읽어보는 것도 좋겠다. 우리는 모두 삶에서 한 줄기 빛 같은 영감을 필요로 하니까!

© 2024. Nika. All rights reserved
-비슈케크의 마나스상-

내 그림의 원동력, 마나스

샤키르 아리코브

'마나스'는 키르기스스탄의 영웅 서사시로 그 주인공의 이름은 바티르(baatyr)이다. 마나스는 세계에서 가장 긴 서사시로 기네스 북에 등재되었다. 이 서사시는 또한 키르기즈 사람들의 역사, 문화 생활을 생생히 기록하고 있다.

어린 시절 우리 마을의 거의 모든 집에 '마나스'라는 책이 있었다. 나는 이 책을 넘기고 그림을 보는 것이 정말 즐거웠다. 나중에 마나스 이야기에 영감을 받아 그림을 그리기 시작했다. 마나스가 나의 그림의 원동력이었다.

또 위대한 예술가이자 작가 테오도르 게르트센(Theodor Herzen)의 마나스를 주제로 한 작품도 나에게 큰 영감을 주었다. 다른 많은 키르기즈 예술가들 또한 마나스를 주제로 꽤 많은 그림을 그렸고 지금도 여기에 다양한 그림과 예술활동이 마나스를 바탕으로 이어지고 있다.

© 2024. Shakir. All rights reserved
-마나스 이야기-

3. 살아가는 사람들_키르기스스탄의 전통과 문화, 역사

마나스오르도

홍윤이

키르기스스탄에 온 이상 '마나스(Манас)'를 모르고 지나갈 수는 없다. 비슈케크 국제공항 이름도 마나스, 주요 장소에 있는 동상은 대부분이 마나스다. 마나스는 사람 이름인 동시에 마나스의 일대기를 그린 서사시를 일컫는다. 마나스는 키르기스스탄을 통일한 전설과도 같은 인물이다. 살이 많이 붙긴 했지만 실존 인물과 역사를 뼈대로 두고 있어,《일리아드》나《오디세이》같은 신화를 바탕으로 한 서사시와 차이가 있다.

총 3부로 이루어진 마나스는 무려 50만 행이 넘는 길이로 세계에서 가장 긴 서사시로 꼽힌다. 마나스를 읊는 이야기꾼을 '마나스치'라고 하는데, 마나스치는 신내림을 받는 것처럼 어느 날 갑자기 마나스를 암기하는 능력을 갖게 된다고 한다. 하긴 그 긴 서사시를 통째로 외우는 건 인간의 한계를 넘는 일일테니 그럴만도 하다 싶다.

© 2024. Yuni. All rights reserved
-마나스 오르도-

3. 살아가는 사람들_키르기스스탄의 전통과 문화, 역사

마나스오르도(Манас Ордо)는 탈라스 지역에 위치해 있고 영웅마나스의 영묘로 알려진 곳이다. 1343년 건립으로 추정하고 있고 비문엔 여성의 이름이 써있었지만 실제 발굴 과정에서 나타난 유골은 약 2m 신장의 남성이었다. 전설에 따르면 마나스의 유골이 적에 의해 훼손되지 않길 바라던 그의 아내가 일부러 비문을 그렇게 만들었다고 한다.

마나스치와 국악 판소리 소리꾼의 콜라보레이션

홍윤이

마나스치가 마나스를 외는 것이 언뜻 그려지지 않는다면, 한국의 판소리를 떠올리면 된다. 담고 있는 내용과 음률 등은 많은 차이가 있지만 한 명의 소리꾼이 이야기를 긴 시간 끌어나가는 형식이 유사하다. 여행 중 키르기즈 프렌즈(KF)에서 초대한 판소리 소리꾼과 키르기스스탄의 마나스치가 함께 공연하는 모습을 볼 기회가 있었다. 함께 초청된 남원 농악도 코쇼이코르곤 성벽 앞에서 공연을 했다.

© 2024. Yuni. All rights reserved
-마나스치와 판소리 소리꾼 콜라보레이션-

3. 살아가는 사람들_키르기스스탄의 전통과 문화, 역사

© 2024. Yuni. All rights reserved
-마나스와 판소리의 만남-

샤키르의 KF 문화마을 여행스케치_
10 탈디부락 _ 탈라스주

탈라스주에 위치한 탈디부락 마을은 많은 아이들, 친절한 사람들, 그리고 마당에 있는 과일 나무가 아름다운 곳이다. 인근에는 마나스 오르도가 있다.

© 2024. Shakir. All rights reserved
-탈디부락 마을-

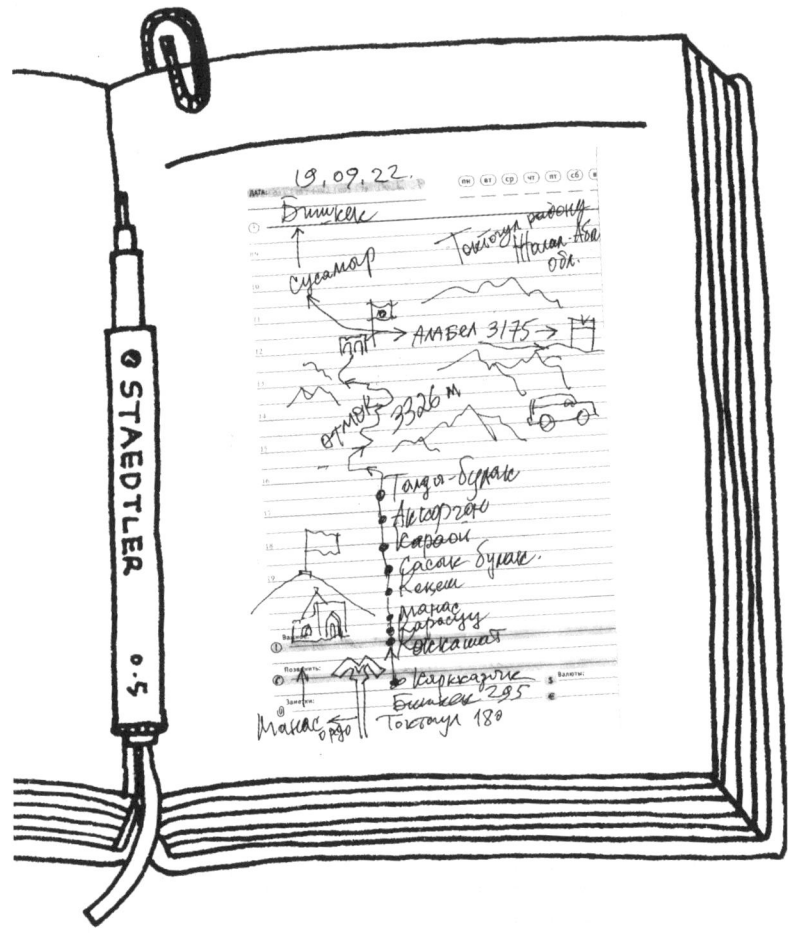

3. 살아가는 사람들_키르기스스탄의 전통과 문화, 역사

에필로그 이
다시 없을 세 명의 로드트립

홍윤이

이 프로젝트는 KOICA 사업으로 추진하고 있는 키르기즈 프렌즈(KF) 사업의 일환으로 추진된 것이다. 3인의 다른 문화권의 작가가 함께 여행하고, 각자의 시선으로 바라보는 키르기스스탄을, 글과 그림으로 표현하고 책으로 엮었다. 키르기스스탄을 잘 담아낸 훌륭한 책이 나오는 것이 프로젝트에선 가장 중요하다. 하지만 나는 내심 다른 나라의 그림 작가와 친구가 되는 걸 더 기대하고 있었다.

러시아 작가 니카 차이코프스카야는 현재 제주도에 살고 있다. 한국어를 완벽하게 하지 못하는 것을 부끄러워해서, 언제 한국에 왔냐는 질문에 언제나 "이번 주 월요일에 왔다."고 한단다. 그럼 다들 "와! 정말 한국말 잘하시네요!"하고 놀란다고. 그는 상트페테르부르크 출신이지만, 소련의 레닌그라드에서 자랐다. 그래서 과거 소비에트 연방에 포함됐던 키르기스스탄에 와서 복잡한 감정이 들었던 모양이다. 우리에게 참 많은 이야기를 해주었다. 왜곡되어 전해지거나 그나마도 접하기 어려웠던 구소련과 현재 러시아의 이야기를 들을 수 있어 정말 좋았다.

샤키르 아리코프는 키르기스스탄 사람이다. 키르기스란 이름은 40개의 부족이란 뜻이며 현재 80개가 넘는 민족이 살고 있는 다민족 국가다. 그 중에서 가장 높은 비율을 차지하는 것은 키르기스인이고 샤키르도 키르기스인이다. 앞은 자리에서 아주 빠르게 그리고 정확하게 대상을 그려내는 모습에 니카와 나는 처음에 매우 놀랐다. 우리는 늘 종이가 별로야, 조명이 이상한데, 아 다른 도구로 그리는 게 낫겠다고 하면서 그림 그리는 걸 미루는데 그는 갱지에 가까운 종이에 그림을 그리는 데도 망설임이 없었다. 그와 같이 있으면 그의 데생 테크닉을 따라갈 수는 없겠지만, 그림을 대하는 자세는 조금이라도 닮아 보려고 노력하는 나 자신을 발견하게 된다.

샤키르는 러시아어를 할 수 있고 영어를 못 한다. 나는 그 반대다. 니카는 둘 다 매우 잘한다. 그래서 대부분의 대화는 니카가 통역했다. 그런데도 대화가 끊이지 않았던 건 우리에게 그림이라는 공통 주제가 있었기 때문이다. 이 산은 수채화로 할 때 어떻게 표현할 수 있는지, 그림자 부분은 어떤 색으로 칠하는지, 그런 대화는 언어가 통한다고 할 수 있는 건 아니니까.

이제 모든 여행이 끝났다. 다시 세 명이 이렇게 한 차에 타고 로드트립을 하는 날은 오지 않을 것이다. 하지만 책이 완성되고, 단체 카톡방이 사라지더라도 언제나 서로 연결되어 있다고 느끼고 싶다. 지면을 빌어 다른 두 분의 작가와 책이 완성되기까지 수고하신 모든 분께 감사의 말씀을 전한다.

에필로그 02
나의 모험은 끝이 아닌 새로운 시작!

니카 차이콥스카야

여행하는 동안 나는 주로 긴박감과 공황을 경험했다. 여정 중 내내 우리 주변에는 담아내고 그림 그리고 싶은 배경과 소재가 너무 많았기 때문이다. 빠른 시간 안에 스케치북 안에 풍경을 담아내는 역량이 충분하지 않다는 것이 아쉬웠다. 이곳을 방문하는 예술가들은 정말 키르기스스탄에서 더 많은 시간을 보내고 천천히 더 오래 머무를 필요가 있다. 또는 각 지역과 장소가 제공하는 것이 너무 많기 때문에 한 장소, 한 마을에 일주일, 혹 한 달 이상 머물 수 있으면 더욱 좋겠다.

키르기스스탄은 안전하다! 그리고 모든 여행자에게 진정한 경이와 행복을 주는 곳이다. 키르기스스탄의 가장 큰 매력은 정말 말하기 어렵다… 하나만 꼽자면 크즐베이트 마을. 그리고 유명한 곳 중에서 고르라면 나는 알틴아라샨(Altyun Arashan) 산을 선택하고 싶다

구 소련인으로서 나는 키르기스스탄 사람들(젊은이들까지도)이 소련의 과거에 대해 따뜻하게 이야기하는 것에 놀랐다. 많은 러시아인들이 주로 소비에트 시대를 비판하고 있는데, 키르기즈인들은 러시아와 키르기스스탄이 하나의 나라였던 시간에 감사를 표하고 있다. 나는 키르기스스탄에 있는 동안 내 자신의 과거에 대해 새로운 것을 배웠다. 그래서 내 자신의 일부를 찾았다고 말해도 빈 말이 아닐 것이다.

나는 이번 키르기스스탄 그림책 작업을 함께 하면서 약간의 향수를 느꼈다. 다시 키르기스스탄으로 돌아가서 더 많은 것을 보고 싶다. 키르기스스탄의 아름다움을 그림에 제대로 담지 못하는 것 같아 내 실력이 조금 아쉽기도 했다.

이 아름다운 나라를 여행하는 동안 그린 그림과 글은 나의 진솔한 경험이었다. 내 눈을 통해 키르기스스탄을 진심으로 묘사해 보았다. 그래서 우리 독자들이 내가 그린 그림과 드로잉을 통해 키르기스스탄의 삶이 어떤 것인지 이해하는데 조금이나마 도움을 줄 수 있기를 소망한다. 무엇보다 이제 책을 보는 것에서 그치지 않고 이 나라가 얼마나 아름답고 신비로운지 직접 이 땅을 밟으며 각자의 모험을 떠나기를 바란다.

키르기스스탄을 보고 여행하며 외딴 마을에 사는 사람들을 만날 수 있도록 기회를 준 KOICA와 키르기즈 프렌즈(KF)에 감사를 표하고 싶다.

끝으로 이번 모험에서 나의 동반자였던 두 예술가, 윤이와 샤키르에게 전하고 싶다.
"예술에 대한 나의 열정을 함께 공유하고 싶어. 너희를 정말로 존경해!"

에필로그 03
내가 바라본 나의 조국 키르기스스탄

샤키르 아리코브

나는 이 책을 접하는 모든 독자, 키르기스스탄인과 한국인, 다른 외국인 모두에게 흥미로울 것이 개인적으로 이 책을 통해 우리 키르기스스탄 땅의 아름다움을 보여주고 싶어 열정을 다해 그림을 그려냈다.

여러분들의 많은 관심과 홍보를 부탁드린다. 결국 이 책을 통해 사람들은 키르기스스탄의 아름다움뿐만 아니라 사람들의 역사, 관습과 다른 재밌고 유익한 정보에 대해서 알 수 있을 것이다.

무엇보다 한국의 홍윤이 작가, 러시아의 니카 작가, 편집과 기획자로 참여한 드림스카이의 이준천 대표이자 작가, 사업을 총괄한 키르기즈프렌즈(KF)에게 진심으로 감사의 마음을 전한다.

그들과 함께 작업했기 때문에 여행하며 그림을 그리는 내내 매우 흥미로웠고 즐거웠고 화기애애한 분위기 속에서 많은 것을 배우고 경험할 수 있었다.

나의 조국 키르기스스탄을 소개하는데 나의 그림으로 기여한 것이 자랑스럽다. 자, 이제 키르기스스탄의 새로운 아름다움을 찾아 나는 다시 펜과 붓을 들고 또다른 여행을 준비해 본다.

에필로그 04
사진으로 보는 3인의 키르기스스탄 여행기

세나라의 예술가
열개의 마을
하나의 키르기스스탄

초판 1쇄 발행 2024년 4월 9일
지은이 | 글 그림 _ 홍윤이 / 니카 차이콥스카야 / 샤키르 아리코브
발행인 | 브레인파크
기획·편집 | 브레인파크 / 드림스카이
편집·구성 | 드림스카이
표지디자인 | 드림스카이
본문디자인 | 드림스카이
교정 및 감수 | 브레인파크 / 드림스카이
펴낸곳 | 드림스카이
인스타그램 | www.instagram.com/kyrgyzfriends

본 책은 저작자의 지적 재산으로서 무단 전재와 복제를 금합니다.